Helmut Junker
Der Fall des Springers

Dirk Haubach kommt aus dem Hamburger Bürgertum, hervorragend ausgebildet, von Professoren gefördert, mit internationalen Erfahrungen und besten Aussichten auf eine Karriere in einer internationalen Kanzlei – so die Erwartungen seiner Mutter. »Ironie, mein Lieber, hilft da nicht«, meint seine Freundin zu Mutters Interventionen.

Er fängt an, die männliche Linie seiner Familie zu befragen, und stößt auf eine reiche Familie mit kolonialer Vergangenheit. Der Handel mit Kolonialwaren zu Kaisers Zeiten war ein einträgliches Geschäft gewesen. In der Gegenwart tritt es verbrämt als ethnologisches Interesse wieder an die Oberfläche – und als Interesse an Internationalem Recht.

Wird die Emanzipation des Mannes noch gelingen? Ist sie jenseits des öffentlichen Spektakels doch weiter als gedacht? Vielleicht eine Schlüsselerzählung für unsere Zeit.

Helmut Junker, Prof. i. R., Dr. Dr. med., Psychoanalytiker, Psychotherapeut, Dozent an der Akademie für Psychotherapie, Psychosomatik und Psychoanalyse Hamburg. Autor mehrerer Bücher zur Praxis und Geschichte der Psychoanalyse. Bei Brandes & Apsel: *Intersubjektivität und implizites Gedächtnis. Reflexionen veränderter therapeutischer Praxis* (2013) und *Ellen – das Mädchen aus der Baby klappe* (2015).

Helmut Junker

Der Fall des Springers

Erzählung

Brandes & Apsel

Auf Wunsch informieren wir regelmäßig über das Verlagsprogramm:

Brandes & Apsel Verlag, Scheidswaldstr. 22
60385 Frankfurt am Main, Germany
E-Mail: info@brandes-apsel.de
Internet: www.brandes-apsel.de

literarisches programm

1. Auflage 2017

Lektorat: Volkhard Brandes, Brandes & Apsel Verlag, Frankfurt am Main
Umschlag und DTP: Lukas Apsel, Brandes & Apsel Verlag, Frankfurt am Main, unter Verwendung eines Bildes von © Fotolia.com. Mit freundlicher Genehmigung.
Druck: STEGA TISAK d.o.o., Printed in Croatia.
Gedruckt auf einem nach den Richtlinien des Forest Stewardship Council (FSC) zertifizierten Papier.

Die Deutsche Nationalbibliothek verzeichnet diese Publikation in der Deutschen Nationalbibliografie; detaillierte bibliografische Daten sind im Internet über www.dnb.de abrufbar

ISBN 978-3-95558-198-5

Inhalt

Als Psychoanalytiker hörte und höre ich ›komplexe Lebensgeschichten‹. Nicht nur die Geschichten meiner Patienten, sondern ebenso die Geschichte der Psychoanalyse haben mein Ohr für psychische Zusammenhänge geschärft.
Auch diese kleine Erzählung, die von einer transgenerationalen Neurose handelt, ist auf diese Weise entstanden. Ich danke vielen Menschen.

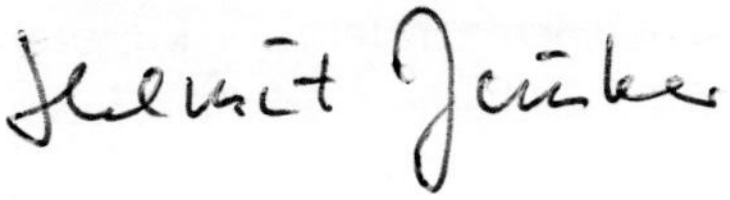

Warten auf Dirk

Am Fuß der breiten Treppe, gebaut, um eine größere Menschenmenge rasch zur Bahnhofshalle hinauf oder zu den Gleisen hinab zu befördern, warten zwei junge Männer und blicken angestrengt nach oben. Zur frühen Morgenstunde blieb die Treppe leer.

»Mir tut bald der Hals weh«, stöhnt Henry. »Ich stiere und stiere und verrenke mir den Nacken. Hat er ein Taxi genommen und wir treffen uns beim Abflug?«

»Es ist nicht Dirks Art, andere warten zu lassen. Wir kennen ihn doch«, beruhigt Stefan. Seine Hand liegt auf Henrys Schulter, als oben Dirk erscheint.

Sie sind allesamt Kandidaten und Kombattanten auf dem juristischen Schlachtfeld: Dirk, Stefan und Henry, einst Klassenkameraden und jetzt Gerichtsreferendare im letzten Jahr vor dem zweiten Staatsexamen. Alle auf dem Weg zum Internationalen Juristenkongress nach Genf, vom 7. bis 9. September 2005, wo in Vorträgen und ihrer Arbeitsgruppe neuere Entscheidungen des Europäischen Gerichtshofs beurteilt werden. Sie führen ein persönliches Schreiben ihres Professors aus dem Doktorandenseminar für den Veranstaltungsleiter mit sich.

»Wetten, dass er springt?«

»Wohl kaum, mit seiner dicken Reisetasche!«

»Bei ihm ist man nicht sicher. Der lässt sie fliegen und fängt sie unten wieder auf.«

»Der alte Flitzer«, sagt Stefan, »er kommt immer gut auf die Beine. Mit meinem Knie gäbe es Bruch. Typisch Dirk, oben trägt er feines Tuch, unten die Hosen zu kurz. Da kann er springen, ohne hängenzubleiben.«

Dirk winkt kurz und begibt sich ohne Eile an den Abstieg, hält sich in der Mitte der Treppe. Er ist etwas größer als Stefan und Henry, schlank und glatt rasiert wie sie. Sein eher weiches, blondes Haar wird in der Stirn zu einer widerspenstigen Locke gezwiebelt, die er nicht modegerecht gekürzt hat. Er trägt ein Sacco, kongresskorrekt, die Krawatte würde später gelockert werden, um den oberen Hemdenknopf zu öffnen.

Dann stößt er sich ab von der fünftletzten oder viertletzten Stufe, die Reisetasche weit von sich gestreckt wie einen Flügel, den Körper als Gegengewicht – steht mit geschlossenen Füßen vor ihnen: »Sorry.«

»Bravo!«, loben beide, eher etwas gelangweilt als angetan, »da ist er, unser Dirk, der ewige Hüpfer. Seine Tolle wippt, aber hält!«

»Was geht ab? Mir tut ein Espresso gut«, sagt Henry. »Meine Knochen wären mir zu schade.«

»Ich habe eine Aufgabe für dich«, sagt Stefan, »als Treppenflieger. Du brauchst Weiterbildung, Qualifikation wie in unserem Beruf! Ich war in Mexiko, Yucatán, in Chichen-Itzá, dort gibt es die höchste Pyramide. Schöne, regelmäßige Stufen, breit für 20 Menschen nebeneinander, alles offen, kein Geländer, nur eine Warnung für Leute mit Herzkrankheiten. Da kann man frei hinauf – und hinunter! 91 Stufen, steht im Reiseführer, das wäre deine Herausforderung. Ich habe einen Springer gesehen, jeweils zehn Stufen auf einmal, mir wurde ganz bang!« Zu Henry: »Sollten wir ihn nicht dorthin schicken?«

Henry, dessen schlechte Morgenlaune nicht gewichen ist: »Wohl Sport mit gelegentlicher Todesfolge.«

Zu Dirk: »Einmal erwischt es dich doch!«

»Mir ist so nach Mexiko!«, ruft Dirk, um Henry in bessere Stimmung zu bringen.

»Erst mal nach Genf«, sagt Stefan.

Der Sturz

Nun lag er in einem Bett der chirurgischen Abteilung der orthopädischen Klinik, sein rechtes Bein im Knie leicht gebeugt auf einer gepolsterten Schiene. Er erkannte den Stationsarzt Dr. Karidis erst, als dessen ruhiges Lächeln ihn mit der freundlichen Anrede umgab: »Sind Sie also wieder da.«

Dirk kannte den jungen griechischen Arzt seit dem Winter aus der Ambulanz, als er trotz eines sorgfältig bedachten Absprungs schräg aufgesetzt hatte und das Fußgelenk angeschwollen war. Da das sicherheitshalber angefertigte Röntgenbild keinen Bruch zeigte, wurde er, mit einem Druckverband versehen, am anderen Morgen aus der Klinik entlassen.

»Was ist mit meinem Kopf?« Dirk betastete vorsichtig den dicken Wulst, der seine rechte Gesichtshälfte umfasste: »Was ist da?«

»Das ist die Prellung«, sagte Karidis. »Keine Platzwunde, die Haut hat gehalten. Wir kühlen einstweilen. Gibt eine dicke blaue Beule. Was mit dem Bein ist, da unten, da müssen wir warten, bis wir morgen Bilder haben. Ich sehe nachher nach Ihnen.«

Unterstützt von der Wirkung der Schmerzmittel blieb Dirk nun Zeit, um nachzuforschen. Er betrieb so etwas beruflich gerne, Fakten und Umstände zu sammeln, zu gewichten und ein Gutachten zu erstellen. Es geschah dieses Mal auf einem der weit geschwungenen Flügel der Treppe des Oberlandesgerichts, die er schon oft begangen hatte. Es war für ihn ein Arbeitstag ohne Parteienverkehr oder Verhandlung. Sehr deutlich glaubte er sich jetzt an die breiten, flachen Sandsteinstufen zu erinnern, die vom jahrzehntelangen Gebrauch in der Mitte ausgetreten sind, von einem harten Teppich, der bis in die Vertiefungen der Stufen folgt, straff überzogen. Außerdem kippten sie ein wenig nach vorn und gaben Dirk ein leises Schaukelgefühl, das er ebenfalls kannte, schätzte und das jetzt unter den Medikamenten etwas verschwommen auftauchte.

Er dachte nach, die Logik kehrte zurück: Etwas hat in mir versagt, die Koordination von Breite und Tiefe dieser Stufe richtig einzuschätzen, sicher auch die Neigung. Ich habe den Tritt zu weit vorn angesetzt, da kippte ich zur Seite. In der Luft habe ich wahrscheinlich eine Korrektur versucht, mich aufgerichtet, ganz unzweckmäßig, und bin in eine Rückenlage gekommen, habe versucht, mich noch einmal zu drehen, wie es instinktiv richtig ist. Aufgeschlagen bin ich auf der letzten Stufe an das verschnörkelte Eisengitter des Innengeländers. Habe wohl mit den Armen den Kopf schützen wollen, vermutlich drang eine Hand oder sogar beide durch das grobe Raster des Gitters und der Kopf prallte dagegen. – Dann stand ich und weiß nicht, ob und wer mich hochgezogen hat. Ich griff an die Hose, es fühlte sich nass an und nicht schlimm. Ich bin zum Ausgang gehumpelt, zum Taxistand.

Unterwegs ging es los mit dem Schmerz. Ich wollte zu Dr. Schiller, gab die Adresse an und wurde ohnmächtig. Ich weiß nicht, wie ich vom Taxi in den Krankenwagen kam. Ist Schiller aus der Praxis heruntergekommen? Wer hat mein Taxi bezahlt? Klar wurde ich erst, als der Grieche mich ansah, mich freundlich begrüßte, weil er mich vom ersten Mal kannte.

Dr. Karidis: »Wieder dasselbe, jetzt mit dem Knie?«

Ein Echo in Dirk, gut verständlich: Wieder dasselbe, jetzt mit dem Knie und der Beule am Kopf. Freundlich, das war es. Gut, dass heute Stefan und Henry nicht hinter mir herunterkamen, sie hatten Klienten. Hat Henry mir das nicht angedroht – einmal fällt er?

Vom Bett aus gelang es Dirk, sich nach links bis zu dem Ablagetisch zu drehen, er zog die Schublade auf: Schlüsselbund, Brieftasche, Münzen, das Handy, ein frisches, nur wenig geknülltes Stofftaschentuch, alles da. Gute Ordnung. So schlimm kann es nicht sein.

Er rief Karin, seine Mutter, an. »Was? Was ist? Ich bin in der Konferenz!« Ihre Stimme wirkte schrill, obwohl die Umstände von ihr verlangten, sie zu dämpfen.

»Ich bin im Krankenhaus.«

»So. Dasselbe, denke ich, dann lass' dir das Knie bandagieren und sieh' zu, dass du herauskommst. Du weißt, was man sich in Kliniken einfängt. Sei nicht leichtsinnig.«

»Ich wollte nur Bescheid geben. Die Diagnostik ist auf dem Weg, morgen früh große Besprechung mit dem Chefarzt, Dr. Weisbrodt, du kennst ihn.«

»Kenne ich? Ich kenne viele Ärzte. Also du gehst in unsere Wohnung, Werner kommt übermorgen aus Lagos zurück. Mit einer Krücke wirst du gehen können, sonst kommt Schiller. Der Kühlschrank ist voll.«

Gut, dass sie es weiß, dachte er. Nach dieser Selbstberuhigung erinnerte er sich an eine kurze Szene aus dem letzten Klinikaufenthalt. Seine Mutter und er hatten fast gleichzeitig, wie in einem Duett, gesprochen: ›Das wird nicht wieder vorkommen!‹ Heute hörte er sich und seine Mutter als dasselbe Duo: ›Das hätte nicht wieder vorkommen dürfen?!‹

In der Klinik

Schlimm ist es doch!

Der Chirurg Dr. Weisbrodt, wie immer frisch und jovial, nur mit Schwester und Assi, äußerte sich besorgt: »Wie Sie das hingekriegt haben. Wie aus dem dritten Stock gesprungen!«, sagte er. »Das muss offen liegen, auf den großen OP, mit Minimalinvasiv geht das nicht mehr!«

Dirk verstand nicht recht und blickte zu dem Assistenten Karidis, der eine Reihe kleiner Röntgenbilder an die von innen beleuchtete, mattierte Glaswand klemmte. Mit der linken Hand, kaum erhoben, wedelte er ihm zu, ein Zeichen, er möge sich nicht aufregen. »Das haben wir selten«, sagte der Chirurg, »... kaum einmal bei wahren Sportlern.« Auf diese Weise offenbar befriedigt gab er dem Patienten sachliche Auskunft: »Die Patella, Kniescheibe, natürlich wissen Sie das, akademisch gebildet, Jurist, wie ich hörte, frakturiert und disloziert. Patella, ja nageln wir, Knochen wachsen gern zusammen. Was mir Sorgen macht, ist die Kapsel. Beide Menisci sind vermutlich verletzt, das sehen wir bei der OP, auch was mit den Schleimbeuteln ist. Wir kriegen das natürlich hin, wir flicken Ihnen die Bänder, wenn nötig mit einer Autoplastik aus Faszien vom Wadenmuskel. Das gibt, leider, mein Herr, für mehrere Wochen ein steifes Bein. Kein Gehgips, das betone ich. Danach mobilisieren wir, erproben Beugung und Streckung, die Rotationsfestigkeit nach meinem BSR-Messgerät, das gebe ich Ihnen mit.«

Nachdem das Wort ›leider‹ gefallen war, hatte Karidis den angstvollen Blick des Patienten aufgenommen und ihm mit einem kurzen Lächeln signalisiert, dass danach wohl alles wieder in Ordnung sei.

Die Operation verlief ohne Komplikationen. Dr. Weisbrodt zufrieden: »Schwerer Sportunfall. Wir haben aufgeräumt, Bänder versorgt und reinsertiert. Keine Faszienentnahme, ging gerade noch so. Ihre Patella an ihren Platz gebracht, genagelt – zur Sicherheit, zur Sicherheit!«

Dirk hatte nichts dagegen einzuwenden, misstraute aber dem forcierten, Erfolg versprechenden Ton des Chirurgen, hatte dem ›Sportunfall‹ nicht widersprochen.

Aus postoperativem Dösen oder einem Traum erinnerte sich Dirk, der sich sonst als Nichtträumer betrachtete: Er sei Augenarzt geworden und seine Mutter habe sich an einem zerbrochenen Glas im Gesicht verletzt. Er habe ihr zur Sicherheit die Augenlider zugenäht, sodass sie nicht mehr unter ihrer eigenen Helligkeit leide. Er verstand das nicht und vergaß es.

Mit dem Liegen kam er nicht zurecht. Da das rechte Bein im Kniegelenk steif und weiträumig über beide Schenkel vergipst war und in einer leicht vom Bett erhöhten Schiene lag, fiel sein Becken zur linken Seite ab. Muskulär nicht trainiert, spürte er bald den Beckenknochen und das Gewicht, ohne dass er sich von der Druckstelle wegbewegen konnte. Er sprach das bei der ersten Visite an, hörte ein uninteressiertes ›Das bessert sich von selbst‹ und hielt sich wieder an den Assistenten Karidis, der sich mit der Schwester beriet, dem Patienten ein hartes Kissen unter die linke Gesäßhälfte zu schieben.

Als Dirk ein kurzes, hartes, sich schnell wiederholendes Klacken draußen im Gang hörte, vermutete er, es sei seine Mutter Karin. Sie traf mit Dr. Karidis vor seiner Zimmertür zusammen, fast ein Aufprall, der zu einem Einknicken in einem der Fußgelenke der Dame geführt hatte.

Sie standen einander gegenüber in der weit geöffneten Tür, Karidis entspannt, wollte ihr den Vortritt lassen, während sie zögerte, unsicher stand, schließlich den Vortritt nahm.

So hatte Dirk seine Mutter oft gesehen: business dress. Heute im Tweedjackett, grau gewürfelt, Hemdbluse aus Seide, silbergrau, kurzer dunkler Rock, blickdichte Strümpfe, klein, aufrecht und wach. Noch im Nachhall hörte Dirk ihren Schritt, unabhängig davon, ob sie hohe Absätze oder flache Schuhe trug, ihr Schritt, der aus der Senkrechten fiel, hart aufsetzte, sich lautlos löste und aufs Neue einschlug. Sie erfasste mit einem Blick die Szene, die Immobilität ihres Sohnes, sah, dass er nicht litt, und lachte kurz auf: »Das haben wir also wieder erreicht!«

Nachdem Dirk seine Mutter Karin gebeten hatte, das obere Matratzendrittel zwei Haken höherzustellen, richtete er sich zu einer sitzenden Position auf. Die Bewegung zog schmerzhaft über den Rücken bis in die Hüfte, er presste die Lippen aufeinander, sollte sie doch sehen, wie es ihm hier ging.

»Was wird aus deiner mündlichen Assessor-Prüfung?« Sie sagte es zu einer Person, die sich frei und überlegt dazu äußern kann. Er nickte und gab zu verstehen, dass darüber allenfalls der Chirurg urteilen könne. Sie blickte über das durch den Gips plump verdickte Bein ihres Sohnes und meinte, eine juristische Prüfung könne auch mit einem Gipsbein absolviert werden: »Sonst verlierst du ein halbes Jahr.«

Der Assistenzarzt kam herein und wollte sich noch in der Tür höflich zurückziehen. Sie ging auf ihn zu, gab ihm die Hand und hielt ihn für einen Moment nahe bei sich. Dirk stellte ihn rasch als seinen betreuenden Orthopäden vor, Doktor Georgios Karidis, er kenne ihn von damals aus der Ambulanz, »als ich es mit dem Fuß hatte. Du hast mich einmal abgeholt.«

»So? Kann sein, ich kann nicht alle deine Ärzte behalten. Aber, Herr Karidis, es ist gut, dass Sie sich um ihn kümmern. Er braucht einen Halt.«

Karidis warf einen forschenden Blick über das Bett, das Gipsbein, rundum über das große Ein-Bett-Krankenzimmer: »Wieso sollte Herr Dirk Haubach sich hier nicht zurechtfinden?«

»Das meine ich nicht so«, sagte die Mutter. »Mir wäre es sehr recht, bald einen Termin bei Ihrem Herrn Chefarzt zu bekommen. Ich muss wissen, wie es weitergeht.«

Karidis dachte nach. »Das wäre nicht vor Mitte nächster Woche sinnvoll. Der postoperative Verlauf ist abzuwarten.«

»Aber schließlich kann man Voraussagen machen.«

»Wie Sie meinen, Frau Haubach.«

Sie vervollständigte: »Haubach-Hallstadt, bitte.«

Dirk hatte seine Mutter beobachtet, er kannte diesen Ablauf. Wenn sie mit vollem Namen angeredet wird, von Angestellten, Schülern, auch in Behörden, Frau Haubach-Hallstadt, bleibt sie für einen Augenblick stehen, steif und aufrecht, nimmt ihren Namen wie eine Ehrenbezeugung entgegen.

Bereits damals hatten sich Dirk Haubach und Georgios Karidis auf ein gemeinsames Du geeinigt. In Griechenland auf Rhodos geboren, hatte der Grieche sich abgefunden, hier Georg genannt zu werden. Aber er liebte sein schön geschwungenes Georgios – und so hatte er es mit Dirk vereinbart. Er war im letzten Jahr seiner orthopädischen Facharztausbildung, wie Dirk im letzten Jahr vor seinem mündlichen zweiten juristischen Staatsexamen. Die Klausuren waren geschrieben. »Wenn ich etwas kann, dann das«, hatte Dirk mit einem leicht verschämten Lächeln mitgeteilt, als sei es ein Geständnis. »Mit meiner Dissertation hänge ich noch herum«, sagte Georgios, und Dirk war nicht weit davon entfernt, ihm Hilfe anzubieten.

»Deine Mutter hält ja große Stücke auf dich«, sagte Georgios später und berichtete von dem Gespräch zwischen Chirurg, Dirks Mutter und ihm: »Sie traf uns vor dem Zimmer, und ich weiß, Weisbrodt mag keine Besprechungen allein auf dem Gang und sagte zu mir ›bleiben Sie, bleiben Sie!‹, und deine Mutter begann sofort, wie es werde mit dem Gipsbein und der Entlassung: ›Es geht ja nicht nur um die Prüfung, die macht mein Sohn allein; es geht um das Geschäft, die Kanzlei Grossmann & Meyer, das heißt unsere Investitionen. Das sind Geschäfte, wissen Sie, Termine.‹ Bei ›Terminen‹ glotzte Weisbrodt sie an und lachte dann laut: ›Termine kenne ich gar nicht.‹ Deine Mutter ging erregt von dannen. Von dannen – sagt man so?«

»Ja, sehr betontes Deutsch«, sagte Dirk, »sieht nach feinem Gymnasium aus und klassischen Texten.«

Georgios berichtete weiter: »Weisbrodt hatte vor ihr nur die Standards erwähnt: Vor Mobilisierung sechs bis acht Wochen Gips, kein Gehgips, aber Fortbewegung auf der Ebene mit einer Krücke möglich – keine Treppen! Mein Assistent hier, er wies mit einer langen ruhigen Handbewegung auf mich, ›mein bester Grieche‹, wie er gern sagt, wird Sie informieren.«

»Übrigens«, Georgios gluckste, als kämpfe er mit einem Witz: »Was ich dir noch sagen muss, was beinahe an der Tür geschah. Wäre deine Mutter an der Tür nur etwas härter umgeknickt, hätte sie sich den Knöchel verdreht und wir hätten sie unten in der Ambulanz versorgt. Ist da bei euch etwas in der Familie?«

Dirk lachte: »Bei ihr Zufall, bei mir Blödheit!«

Tage später war der Patient Haubach soweit von den Nachwirkungen der langen Narkose und der Schmerzmedikation befreit, hatte sich außerdem auf einer rückengestützten Sitzposition im Bett eingerichtet, dass er, wenn auch im Ganzen immobilisiert, den zweiten Besuch seiner Mutter sofort in Augenhöhe entgegennehmen konnte.

Sie saß schräg vor ihm auf dem Stuhl, wartete, um ihr Anliegen mit Nachdruck auszusprechen. Seit langem trägt sie eine Haarfrisur, die auch Georgios aufgefallen war: starkes und dichtes graues Haar, kurz geschnitten und schräg nach vorne gebürstet, eine zu kurze und verschobene Ponyfrisur. Die Ohren stehen frei, der Nacken ist hoch ausrasiert. Vor langer Zeit bereits hatte Dirks Schwester Astrid dafür einen Namen gefunden, in der Familie war er geblieben: Karin, die Baskenmütze. Dirk erinnerte sich, wie Georgios erschrocken war: »Ich habe ihr nicht auf den Kopf gesehen. Ich dachte, sie trägt eine Perücke nach einer Chemotherapie und viele starren sie an. Jetzt kann ich ruhig sagen: Sie sieht fast wie ein Junge aus und jünger und wirkt äußerst vital.«

»Sie ist bald sechzig und hat nie erreicht, was sie wollte«, hatte Dirk geantwortet.

Jetzt betrachtete er ihren runden Kopf, von heller glatter Haut ebenmäßig umspannt, die dünnen Linien, die das Gesicht durchziehen, kaum zu erkennen, ihr Blick klar. Er weiß auch, wie er sich verändert, wenn sie in Aktion tritt. Die dünnen Linien graben sich zu harten Falten ein, gravieren, die Hautfelder verhärten sich, treten hervor. Ihr Blick wird eng. Ihr Gesicht greift an.

»Kommt nicht infrage, dass du über Wochen in die Reha gehst.«

»Das zahlt die Kasse.«

»Darauf kommt es nicht an. Wo willst du hin? Du kannst in unsere Wohnung, aber Werner ist wahrscheinlich wieder weg.« Sie hielt inne, setzte dann neu an: »Weißt du (als wisse er das nicht), du hast nicht einmal eine feste Freundin, die dich nimmt. Mit Susanne ist es aus, hast du gesagt. Bald wirst du 30 Jahre alt. Zu der Zeit hatte ich euch drei Kinder, noch keinen Beruf und dein Vater, Rüdiger, war verunglückt. Wer hat uns durchgebracht? Dein Großvater, Carl-Joachim Hallstadt, der Kämpfer mit dem eisernen Willen. Das sollte dir Vorbild sein!«

Dirk antwortete müde: »Ich kenne die Geschichte.«

»Du kennst sie, aber folgst ihr nicht.«

»Kann sein.«

»Kann sein…« Sie versuchte, seinen affektlosen Ton zu imitieren, es gelang ihr, dann gab sie sich ihrer unverstellten schrillen Stimme hin: »Kann sein, kann sein, kann auch nicht sein. Mit dir ist nichts zu machen in dieser Welt!«

Der Chirurg hatte über dem Knie ein gut handtellergroßes Fenster in der Gipsröhre ausgespart, damit Schwellungen vom Unfall her nicht unter Druck standen, der Wundverlauf überprüft werden und kleine postoperative Hämatome sich frei zurückbilden konnten. Alles lief äußerlich optimal, die Fäden wurden gezogen, das Fenster mit Watte dick bedeckt und mit einer Schicht frischen Gips bis auf Weiteres verschlossen. »Es kühlt schön«, hatte Dirk gesagt, während der Pfleger ihm, auf seine Substanz offensichtlich stolz, mitteilte: »Damit können Sie aus dem Fenster springen, die hält.«

Das Warten begann, lästig das Aufrichten aus der Liegestellung, zum Essen, Lesen, Gewaschenwerden, die begleiteten Gänge zur Toilette des Krankenzimmers.

Dirks Mutter hatte nach einer Visite das zweite Gespräch mit den Chirurgen geführt, wieder zwischen Tür und Angel, und Georgios berichtete Dirk: »Sie hat ihn erst gebeten, dann verlangt, beschworen, kann man sagen, dir irgendeinen Gehgips machen zu lassen, ›damit er in die Gänge kommt und seine letzte Prüfung macht. Sonst verliert er ein halbes Jahr und wir haben geschäftliche Belange.‹ Der Weisbrodt wurde ganz entschieden und kalt. ›Wir werden sehen!‹, sagte deine Mutter zäh und ungebrochen. Weisbrodt zischte etwas dagegen, es klang wie: ›Solange er bei uns ist, bestimmen wir.‹«

Dirk erklärte Georgios, was es mit den Geschäften auf sich habe. Es gehe für ihn um eine Assoziation in einer Kanzlei zu recht hohen Geldeinlagen, es liefe eine Art Ausschreibung im Mai ab und er müsse juristisch bereits Assessor sein, um assoziiert werden zu können, und außerdem gebe es eine Konkurrentin.

»Wegen Krankheit lässt sich vieles verschieben«, sagte Georgios.

»Meine ich auch. Aber meine Mutter weiß von dem alten Grossmann, wer da mit Kapital hineingrätschen will. Unser Geld stammt von ihrem Vater, meinem Großvater, dem alten U-Boot-Mann, der mit 98 Jahren gestorben ist und von dem sie sehr lange abhängig war. Das erzähle ich dir später. Daneben hat sie ihre Schulpolitik, in der Privatschule, in der sie angestellt ist, will sie einen altsprachlichen Bereich im Ministerium anerkennen lassen, rackert sich ab mit Förderkreisen und Gegenkreisen, sie werfen mit ›Humanismus‹ und ›Spinnerei‹ um sich, pro und kontra, und es scheint, dass es nicht klappt. Nur sie weiß, was sie sich da in den Kopf gesetzt hat. Und zu mir dann, wie ein Refrain: ›Von der Welt nämlich, lieber Didi, verstehst du überhaupt nichts.‹«

Das üppige weiche Paket, das seine Mutter am Fußende des Bettes abgelegt hatte, lag unbeachtet, bis es eine Schwester auf den Boden des schmalen eisernen Schrankes verstaute. »Vergiss es nicht«, war die Abschiedsrede seine Mutter, »ich habe dir im Sportcenter weite Hosen gekauft, die leicht über das Gipsbein gehen, für Taekwondo oder so, heißen Dobok oder Dabak, das macht nichts, eine in weiß, die andere in dunkelblau, die bleibt für die Prüfung, ist dann neu und sauber und fällt nicht allzu sehr auf. Dicke Socken sind auch dabei.«

Tatsächlich hatte er das Wäschepaket vergessen und die ukrainische Schwesternhelferin hatte es ihm bis auf den Gang und zu seiner Liege nachgetragen, liebevoll an die Wange gepresst! »… viel weich, viel weich.«

Wohnungen

Die Operation ist mit primärer Wundheilung abgeschlossen, der Patient für eine Reha-Klinik vorgesehen. Da Dr. Weisbrodt die Nachuntersuchungen, vor allem die Mobilisierung an dem eigens von ihm entwickelten Beuge-Streck- und Rotationsgerät, BSR genannt, »in der Hand behalten will«, sollte Dirk in Stadtnähe bleiben.

»Wenn es nach mir ginge«, sagte Georgios, »würde ich sofort und immer zu meiner Mutter ziehen. Wie ich aber Frau Haubach-Hallstadt kenne, ist das für dich ungünstig. Wo wohnst du?«

Dirk zögerte, dachte, aber sagte nicht, er würde am liebsten bei Georgios unterkommen, spürte, wie redebedürftig er war und erklärte ihm: »Ich habe ein eigenes Appartement im fünften Stock eines großen alten Kastens, eine von vier Parteien geteilte Penthouse-Fläche mit flachem Dach, Aufzug bis zum vierten Stock, oben mit Aussicht über die halbe Stadt. Die Wohnung ist ein Geschenk meiner Mutter zum ersten bestandenen Staatsexamen, ein »Schnäppchen«, wie sie sagte, eine Geldanlage ohnehin. Ihre Absicht war, mich aus meinem studentischen Milieu rauszuholen. Jetzt einmal dort oben, komme ich nicht mehr herunter. Am besten wird für mich das Haus in der Michaelisstraße sein. Astrid und ich haben es immer das Vater-und-Mutter-Haus genannt, wir waren im Internat und oft auf Besuch dort. Zuerst gehörte es meinem Großvater und seiner Frau, dann meiner Mutter, vielleicht auch ihrem Ehemann Rüdiger, der starb. Dann war Werner aufgetaucht – und so blieb es bis heute. Über die ganzen letzten Jahre hat meine Mutter eine eigene Wohnung in einem der alten Pavillons im Park, außerhalb der

Stadt auf einem ehemaligen Kurgelände, das heute zur Schule gehört, unscheinbar bemöbelt. Sie fühlt sich dort wohler, vor allem weil Werner oft über mehrere Wochen im Ausland arbeitet. Vielleicht überkommen sie im alten Haus auch böse Träume: Der U-Boot-Mann geht mit ihr auf Tauchstation und feuert Torpedos ab. Das Haus hat einen abgeschrägten Rollstuhleingang aus den beiden letzten Lebensjahren meines Großvaters.«

»Wollen wir nicht hoffen«, sagte Georgios.

Dirk erschrak. Natürlich gab es keinen Grund, an so etwas zu denken.

Der Tag der Entlassung.

Dirk wartete auf der Rollenliege, die in den Krankenwagen eingeschoben wird, das Rückendrittel maximal hochgeklappt, sein Handgepäck auf dem Bauch. Georgios, der Dienst hatte, aber nicht gerufen worden war, wartete bei ihm, lehnte an der Wand, nachdem er eine an der Längsseite des Gangs bereitgestellte Liege beiseite geschoben hatte.

Dirk: »So erfährst du einiges über meine Familie, es ist etwas kompliziert. Mein Vater, Rüdiger, starb, als ich zwei Jahre alt war. Ich erinnere mich nicht. Unseren Stiefvater nennen wir seit ewigen Zeiten beim Namen: Werner. Also der zweite Mann unserer Mutter, er ist ein Macher, immer freundlich, und richtet Großraumbüros ein. Er kann dir vorrechnen, viel Arbeitsstunden verlorengehen oder eingespart werden können, wenn mehr als 50 Personen auf einer Büroebene arbeiten, nicht alles online geht, sondern sie sich bewegen, zentrale Einrichtungen benutzen, Toiletten, Fahrstühle, Teeküche und anderes. Werner also lebt davon und ist fast reich. Zurzeit, du hast es mitbekommen, ist er in Lagos für einen Multikonzern auf ›der Baustelle‹, wie er sagt. Meine Mutter lehrt Deutsch und Englisch an ihrer Schule, liebt Arbeit und Prozesse, mischt sich in alles ein, kämpft für Bildung, ist mehr Juristin als ich. Die Privatschule, in der ihr Kapital steckt, schreibt rote Zahlen und braucht dringend Zuschüsse. Es sei keine ›Schnapsidee‹, meint sie, immer ärgerlich, humanistische Traditionen zu beleben, und das feinere Publikum aus den Westendgemeinden solle zahlen.«

Heimtransport.

Das Timing hatte nicht geklappt und die Wohnungstür mit außen steckendem Schlüssel war seit Stunden für jedermann zugänglich. Vom Fahrer und Transportpfleger auf einen Sessel gehievt und einen Stuhl unter das Gipsbein geschoben, sagte Dirk, ja, es werde jemand kommen.

Auf dem Anrufbeantworter war Werners Stimme zu hören. Dirk könne auch während seiner Abwesenheit selbstverständlich die Wohnung benutzen, er hatte auf eine mit Draht fixierte, gebrochene Tiefkühlklappe hingewiesen, auch auf die obere Schublade des Sekretärs für die Zweitschlüssel, machte eine Pause und fragte eindringlich: »Wer aber pflegt dich?«

Kurz danach kam der Anruf von seiner älteren Schwester Astrid, der Psychologin, von der Mutter informiert. »Hallo, Didi, großer Springer, unsere Mutter ist aufgescheucht, aber lass dich nicht irremachen. Meist springst du richtig und jetzt hast du ein paar Tage frei.«

»So ist es«, sagte Dirk, »aber diesmal schlimmer. Ich habe keinen Gehgips, mit der Krücke komme ich kaum um den Tisch.«

Astrid bot ihre Hilfe an, »wenn du es allein nicht schaffst«.

Seiner Mutter, die wegen einer Betreuung angerufen hatte, simste er: »In der Familie meines Klinikarztes, Georgios, gibt es eine Schwester, die ist Studentin der Zahnmedizin und hat eine Freundin, auch aus der Zahnmedizin, die stundenweise jobbt, Fili genannt. Ich kenne sie noch nicht, aber das scheint zu klappen.«

Zum Problem wurde der Termin der mündlichen Prüfung des zweiten juristischen Staatsexamens. Dirk war krankgeschrieben, die nächsten sechs bis acht Wochen Gips, dann die physiologische Behandlung zur Mobilisierung.

Noch in der Klinik hatte Frau Haubach-Hallstadt ihrem Sohn Dirk verkündet: »Wir werden einen Weg finden, wie du die Prüfungstermine einhalten kannst.« Dirks Blick war an ihr vorbeigeglitten, er antwortete nicht, er stellte fest, er werde dem Arzt folgen und niemandem sonst.

Vor Georgios nahm er seinen Ärger nicht zurück: »Wie sähe es aus, ich mit eigens mitgebrachtem Sessel und noch den Hocker für das Bein, am besten mit zwei Krankenschwestern oder Stewardessen zur Seite, die heben meinen Fuß, stützen meinen Rücken, legen ein hartes Kissen ein, noch mehr Tamtam und der Vorsitzende und die Prüfer, die sonst nicht lachen, lachen sich eins und müssen korrekterweise fragen: ›Sind Sie jetzt prüfungsbereit?‹«

Seine Mutter über SMS: »Ich muss mit dir reden, komme Nachmittag früh. Simse, wenn du noch etwas brauchst.« Er antwortete nicht.

Erneute SMS auf seinem Handy, es wird die Mutter sein, vermutete er, öffnete gelangweilt. »Verspäte mich um zwei Stunden, bin hängengeblieben in der Behörde. Wir haben dann viel Zeit.«

Dritte SMS. Dirk in Gedanken, wer ihm die Bücher für seine Dissertation hierherbringen und ob er Werners Internetanschluss verwenden könne. Karin: »Ich komme früher und bringe Kuchen mit. Kommst du wenigstens bis in die Küche für den Kaffee?«

Quälen

Es dauerte lange, die eine Krücke zu packen, aufzustellen, an die andere Hand und den Unterarm zu setzen und bis zur Abschlusstür zu hinken. Karin klingelte noch einmal. Sie standen einander gegenüber an der Tür, begrüßungslos. Dirk hatte den Körper nach links verlagert, damit das Gipsbein nicht aufsetzte, stand aufrecht und schief. Karin hielt ihm das Konditoreipäckchen auf ihrem Handteller entgegen. Das Papier wölbte sich hoch über der Pappunterlage, damit die Sahne es nicht berührte. Dirks Hände standen nicht zur Verfügung, befasst mit Türklinke und Krücke.

Während Dirk sich mühsam zu seinem Stuhl an der Mitte der Längsseite des Tisches bewegte, war Karin in die Küche geeilt, hatte das Kaffeegeschirr samt Zubehör und die vorbereitete Thermoskanne auf einem Tablett gebracht und über einer weißen Tischdecke aufgestellt. Sie strich das dicke, nur zur Hälfte aufgefaltete Tuch glatt und achtete, seinen Bücheraufbau nicht zu verschieben, nicht einmal zu berühren. Dirk störte der rasche Blick seiner Mutter auf die nackten Zehen seines rechten Beins, die bewegungslos aus dem Gips ragten. Er wollte es seiner Mutter erklären, die bereits zu sprechen angesetzt hatte: »Ich weiß, du bist dagegen, aber sei vernünftig, den halben Tag für die mündliche Prüfung wirst du aufrecht sitzen können. Sie prüfen deinen Kopf, nicht dein Bein.«

Dirk atmete einige Züge lang tief durch, noch fühlte er sich sicher und formulierte klar: »Der Chirurg hat es abgelehnt, mir einen anderen Gips zu verpassen.« In das kurze, überraschte Schweigen Karins sagte er: »Ich muss für eine prüfungsrelevante Krankschreibung auf jeden Fall zum Amtsarzt, der wird den Chirurgen bestätigen.«

Karin: »So sehe ich das überhaupt nicht. Ich suche uns einen anerkannten Orthopäden, von der Schule her habe ich einige Verbindungen. Der schreibt dich prüfungsfähig, weil du sitzen kannst. Das wird er ganz fachmännisch tun und zweifelsfrei. Das unterschreibt dann der Amtsarzt, der ist ja kein Orthopäde, ist fachlich inkompetent und muss der höherrangigen Kapazität folgen. Das ist Behördenhierarchie und juristisch korrekt.«

Dirk widersprach: »Ich werde mich zum Amtsarzt hinfahren lassen, mitteilen wie ich mich fühle, einen Bericht geben, den er beurteilt. Das sind keine Entscheidungen nach Aktenlage.«

»Ja, ja, du berichtest, am besten im Jammerton. Natürlich fühlst du dich behindert, aber kooperativ solltest du sein.«

Dirk schwieg.

»Und?«

»Gib auf, mich zu bereden.«

»Du weißt, was die Partnerschaft bei Grossmann & Meyer für uns und dich bedeutet.«

»Offensichtlich nicht«, sagte Dirk.

»Offensichtlich, offensichtlich«, Karin imitierte seinen langgezogenen dunklen Ton, dann gelang es ihr, dieses Mal nicht in ihre schrille vernichtende Ironisierung zu verfallen. Sie antwortete ruhig, eher bedrückt: »Du weißt, was du uns schuldig bist.«

»Und ich mir«, sagte Dirk.

Karin schwieg.

»Gib es auf«, sagte Dirk.

Dieses Stichwort kam Karin gelegen und weckte ihre vitalen Kräfte: »Ich? Aufgeben? Wo denkst du hin!«

Dirk ahnte, dass seine Mutter sich jetzt doch ihrer angestauten Wut entladen würde. Er wusste, das würde nichts verändern, nichts bedeuten, es würde einfach sein.

Karin: »Du verstehst nichts vom Kämpfen, überhaupt nichts vom Leben. Ich weiß, wohin das mit dir führt. Alles, wozu wir dich angetrieben haben, du endest als Amtsrichter in Großkleckersdorf!«

Dieses Dorf kannte er aus vielen früheren Voraussagen. Er antwortete in einer geübt aufreizenden Trägheit: »Sei's drum!«

Und die Mutter fand sprachlich eine neue Etikettierung, einen Schlangenbiss: »Bist du jetzt auch noch übergeschnappt?«

Kaum eine Stunde später, nachdem Karin ihn verlassen hatte, meldete sich sein Handy. Es besaß kein Display für die Nummer des Anrufers. Das kann nur sie sein, vermutete er. Er wartete, bis sich der Anrufbeantworter eingeschaltet hatte. Es schien ihm eine lange Rede: »... geh' zu deinem Amtsarzt, damit er dich bemitleidet! Dich habe ich aufgegeben. Wenn einer von uns Ideen hat, dann ich. Ich bin im Supermarkt und kaufe groß ein. Ich gebe eine Party. So würdest du es nennen, ich lade eben Leute ein und auch die Heydendonck, vielleicht mit Tochter, die will auch ins Geschäft zu Grossmann & Meyer. Party – aber wir reden über Geld. Das interessiert dich nicht, aber mich. Ich will nämlich, ich will es unbedingt, ich beschwatze die Heydendonck, ich kann das mit meinen Argumenten, nicht alle müssen stimmen und ich bringe sie dazu, dass sie den Termin für die Einlagen verpasst, dann findet die Sitzung nicht statt, dann müssen neue Fristen gesetzt werden...« Danach schwieg sie. Was erwartete er? Noch einen Angriff gegen ihn? Nein. Karin sprach weiter, als höre er gut zu und schätze ihre Argumentation. Den folgenden Satz behielt er gut im Gedächtnis: »Siehst du, Alternativen braucht man. Dafür hat man Erfahrungen. Dann muss man sie durchsetzen, das tue ich.«

Dirk wartete und vermutete, sie beende den Anruf. Stattdessen hörte er das Grundgeräusch des offenen Anschlusses und später wieder ihre Stimme: »Immerhin schafft es deine Mutter, was sie von ihrem Vater gelernt hat, sein Erbe zu verwalten. Du und Astrid nennt ihn nur den U-Boot-Mann, er war weit mehr. Nach dem Tod von Rüdiger, ich ohne Beruf, hat er uns jahrelang alles finanziert, vom Butterbrot bis zum Internat, hat gezeigt, wer er war, immer mutig und großzügig, ein Ingenieur und Erfinder, ein Geschäftsmann. Ich wünsche dir, dass du mehr aus dir herausgehst, mehr ins Leben, mehr Erfahrungen machst, mein Sohn. Wenn der Gips weg ist, kommst du wieder in die Gänge. Übrigens, in meinem früheren Schlafzimmer bei euch liegt das Elfenbeinhändchen mit dem langen Griff, in der Kommode mit den weißen Knöpfen in der unteren Schublade, unter meiner Wäsche. Damit kommst du weiter unter den Gips und kannst dich angenehm kratzen.«

Am Schreibtisch

Dirk an der langen Seite des großen Tisches – für vierzehn Gedecke sollte er Platz geboten haben –, an dem er über die nächsten Wochen an seiner Dissertation arbeiten wird. Von seinem Armsessel aus kann er sich mit beiden Armen hochziehen, um das Gipsbein aus der horizontalen Lage zu befreien und nach der Krücke zu greifen. Er tastete über die glänzende, lackierte Oberfläche des Holzes, deutlich die bald streifige, bald wilde Maserung. »Tropenholz, Palisander«, hatte der Großvater oft mit erhobener Stimme doziert, wenn er zu Besuch war, »Zeremonialtisch, Kolonialarbeit, alles massiv, alles aus einem Stück. Natürlich von den Holländern gemacht, als Geschenk.«

Dirk hatte sich nicht vorstellen können, einmal an diesem Tisch zu arbeiten. Zu oft hatte er als Junge die Lobpreisungen dieses Möbels vernommen, vom Großvater selbst mit den Hinweisen auf den Häuptling Jaja aus Opobo, »es war der Opfer- und Gebetstisch vor seinem Thron. Du hättest sehen sollen, wie er geschmückt war mit Schnitzereien an den Seitenkanten, Dekorationen mit Knochen und Federn an den Seiten.« Und papageienhaft hatte die Mutter es wiederholt und zum wievielten Male erklärt, wie sie in den Besitz gekommen sind: »Dein Urgroßvater, hör zu!, kannte den berühmten und berüchtigten Jaja und war auf der Auktion, als er aus Opobo geflohen war und die arabischen Händler seine Sachen verscherbelten. Mein Vater forschte später nach seinem Thron, er sollte aus demselben Baum geschnitten worden sein, er wollte beide haben, er hat viel später in den Museen nachgefragt, leider ohne Erfolg.« Astrid hatte Aufmerksamkeit geheuchelt und sich unauffällig gedrückt.

Jetzt überzeugte sich Dirk von der Wahrheit über die Geschichte dieses Tisches, griff noch einmal über seine Fläche, weit über ihn gebeugt, spürte unter seinen Fingerkuppen die fließende Ebene ohne Furche oder Buckel. Sein Auge verfolgte die fortlaufende ununterbrochene Maserung, die schräg geschnittenen Jahresringe und die Verknotungen der Astbildung. Tatsächlich erkannte Dirk an den Kanten der Tischplatte und ihrer schweren quadratischen Beine die helleren Abbruchstellen der behaupteten Schnitzereien und die Spuren der in die Löcher eingeschlagenen Holzdübel. Es war doch nicht alles Großsprecherei und Kolonialgetöse, wie Dirk seinen Großvater eingeschätzt hatte.

Als Enkel übernimmt er sein Erbe. Von hier gibt er die Anweisungen an seine Bediensteten…

Noch am Abend seines Einzugs war die jobbende Freundin von Georgios Schwester, für Dirk sehr ungriechisch Fili genannt, erschienen. Er fand Fili angenehm, klein und gut verpackt in engen Jeans, betontem Busen unter anliegendem Pullover, die Augenbrauen rasiert und mit dem Stift zu edlen Bögen gezogen. Nur Filis außergewöhnlich hoher und gerader Nasenrücken bannte ihn. Er überlegte: Ist das schön? Wie sollte »schön« aussehen? Er erinnerte sich an klassische, gerade Nasen, die Fortsetzung der Stirn nach einer geringen Einbuchtung. Bei Fili erhob sich die Nase unmittelbar aus der Stirn, stieg und lief gerade, ohne einen Höcker zu bilden, lang nach unten. Dort bedeutend ausgeprägt bog sie streng in eine waagerechte Linie, sodass Raum über der Oberlippe blieb. Dirk meinte und fürchtete, er müsse dauernd hinsehen, glotzen, sobald sie sich im Profil zeigte. Ich will nicht, dass sie es merkt oder meint, ich baggere sie an oder mit ihr sei etwas nicht richtig.

Sie sprachen wenig, Fili machte Einkäufe, kochte gelegentlich Reis, gedünstete Auberginen, briet Lammkoteletts und mischte Salate. Sie besorgte eine zweite Krücke, die sie im Bad aufhängte, in Reichweite der Toilette, da er einmal gefallen und aus der Ecke nicht mehr hochgekommen war, die umgefallene Krücke nur auf dem Bauch kriechend erreicht hatte. Er betonte natürlich, er könne fast alles selbst und gestand schließlich, dass er den Strumpf nicht über die Zehen am Ende der Gipsröhre stülpen konnte.

Fili lachte gern: »Du musst viel üben.«

Aus seinem Appartment hatte Stefan in Leinentaschen zwei Stapel Bücher mitgebracht, den kiloschweren Kommentar von Golbricht über Wettbewerbsrecht, ein Dutzend dünne Hefte, gelb, *Rabels Zeitschrift* und neue *Interne Stellungnahmen der Max Planck-Gesellschaft*, ferner einen Karteikasten aus Holz, großformatige Hefte mit linker Spiralleiste, Fotokopien, ausgedruckte Referate, Vorarbeiten für seine Doktorarbeit. Ungeklärt blieb, ob der Computer hierher gebracht werden sollte, die schwere Kiste auf dem Rolltisch, der Drucker, die ganze Kabelei.

Das Arrangement mit seiner studentischen Haushaltshilfe bewährte sich. Die Leistungen, die er für Fili angesetzt hatte, zwei bis drei Stunden täglich am Anfang, erledigte sie in weniger als der Hälfte der Zeit. Oft stand sie neben ihm, ernst, in engen Jeans, wartete stumm auf Aufträge, spielte die Dienerin, lachte aus zahnästhetisch perfektem Mund und war bereits wieder verschwunden.

Noch war er nicht eingelebt, hier in dem Vater-und-Mutter-Haus, er redete seine Bücher nicht an und die Bücher sprachen nicht mit ihm. Er sah sich um im Parterre, um seine erreichbare Strecke zu erkunden, Salon, Küche und die beiden Besuchszimmer liegen auf einer Ebene. Auch Werners Arbeitszimmer, das er aus unerklärter Scheu nicht betritt. Der Rundgang gelingt in Form einer Rundumhumpelei. Gut, dass mich niemand sieht.

Wenig hatte sich seit seinem Auszug, ein Jahr nach dem Abitur, geändert. Vermutlich sind es jetzt zehn Jahre. Vieles erscheint ihm enger und dunkler. Früher bewunderte er die beiden mannshohen Lichtsäulen, dimmbar von höhlengrau bis zu operationsweiß. Das Spielen mit den Lichttönen war den Kindern verboten. Die Sofagarnitur, war sie immer schwarz? Wann hatte er zuletzt die großen, weißen quadratischen Kissen mit den schwarzen Ornamenten gesehen, die jetzt das Sitzarrangement bestrahlten? Hatte es Karin vor Kurzem so eingerichtet? Da fiel ihm ein, woher diese Bezüge stammten, das Wort *Marimekko*, Finnland, dass er diese Kissen damals »prima« fand und dass Karin gesagt hatte, »die bringen mehr Licht in das Gewölbe« und er zu der hohen Decke gewiesen und rechthaberisch erklärt hatte: »Gewölbe ist ein falscher Ausdruck!«

Unverändert in der Ecke, von der aus die Treppe zum ersten Stock führt, steht der Tresor des Großvaters, genannt der Panzerschrank. Ein Eisenklotz, ein sekretärgroßes Ungeheuer. An der Vorderseite glatte, nach allen Seiten abgerundete Flächen, im unteren Drittel das tellergroße, messingglänzende Drehrad über dem kaum erkennbaren Zählwerk. »Nicht daran fummeln«, hieß es, und sogar Astrid hatte ihm einmal auf die Finger geschlagen, als er sich unbeobachtet fühlte. Danach verließ ihn auch die jungenhafte Begierde nach Geheimnis, Schatzsuche und Raub.

»Das ist ein feines Haus«, hatte Fili bemerkt.

Die Wände im Salon schienen verändert. Dirks Blick tastete die angedunkelten, rechteckigen Streifen nach, wo trotz Abwischens der Kanten der Bilderrahmen sich die angeflogene Staubschicht mit der Tapete verbunden hatte. Viele Bilder waren abgehängt. Es imponierte der große kolorierte Farbdruck einer afrikanischen Landschaft, riesige Baobab-Bäume, die Hütten und die winzigen Menschen, aus der Perspektive eines Hügels oder eines nahen hohen Felsens aus der Höhe fotografiert. Vielleicht war es doch eine Zeichnung, scharf und spitz und fotografiegetreu ausgeführt. Er erinnerte sich, im Keller, der immer überfüllt war von Großvaters wichtigem Zeug, standen die großformatigen Schutzmappen, verschlossen und so sehr von Verboten umgeben, dass er und seine Schwester kaum Interesse hatten, einzudringen, nicht einmal das Wort Schatzkammer auf den kindlichen Lippen.

In dem Gästezimmer, das nach außen in eine glasbedachte Veranda auslief, wird er sich zurechtfinden. Das Bett war bezogen und roch frisch. Die Wand gegenüber belebte der großformatiger Paul Klee-Druck *Masken auf der Wiese*, mit farbenfrohen

Harlekinfiguren und einer röckchenschwingenden Tänzerin. Die Raufasertapete wirkte grau, das lange an der Wand verlaufende dünne Bücherbord war leer und zeugte durch deutliche Wellen von vergangenem Gewicht. Der zweite Blick ergab, dass er das Zimmer nicht völlig verdunkeln konnte: Zwar sicherte ein engmaschiges Eisengitter vor den Fenstern der Veranda gegen Einbruch, doch die Scheiben aus geriffeltem Glas, wenn auch von Rosenranken umwuchert, gaben Einblicke in Garten und Hof.

Dirk beendete die Besichtigung. Keine schlechte Klause, entschied er, ich gehöre nicht hierher, aber ich werde das alles verwenden. Plötzlich musste er lachen: Als Karin mich anrief, ob ich zurechtkomme, sagte ich, »meine beiden Griechinnen kümmern sich um mich«. Ich wollte das gleich zurücknehmen, nur eine sei es, Fili, aber die Mutter hatte mit einem lauten »na endlich!« eingegriffen. Das würdigt sie also, dachte ich.

Angestrengt zurück in den Salon, das Pochen der Krücke auf dem Parkett unangenehm im Ohr, erreichte er seinen Armsessel und den Stuhl mit dem Kissen für das Gipsbein. Da dieses nicht unter den Tisch passte und parallel zur Tischkante verlief, saß er breitbeinig da, den Oberkörper gedreht, um in eine angemessene Lese- und Schreibposition zu kommen. Dort einmal geparkt und durchgeatmet, überblickte er interessiert und wohlwollend seine eingeschränkte Welt der Bücher, Hefte und Schreibutensilien, konzentrierte sich, damit die Wände des großen Salons näherträten, ihn wie eine Zelle umgäben. Er war zufrieden, hier nur den Handapparat zu haben, die Monographien und Aufsatzsammlungen von und über rechtsphilosophische Autoren aus dem englischen Sprachraum, die er für ein Einleitungskapitel seiner Dissertation verwenden wollte. Ein guter Schachzug, sagte er sich, hier in der Abgeschiedenheit nach Rechtsgrundsätzen zu forschen.

Einmal festgebissen an Verfahren und Urteilen, so kannte er sich, reichten ihm Wasser und Brot. Fili hingegen hatte ihm jeden Morgen Brötchen und einen flachen Korb mit Früchten und Keksen zur Seite gestellt, die Teekanne auf ihrem durch ein

Wachslicht wärmenden Untersatz, Tasse und Milch – er nahm keine Zitrone – und ein Obstmesser nicht vergessen.

Ruhig ist es hier, dachte Dirk. Werner wird offensichtlich selten angerufen, wenn er in Lagos ist. Ich bin allenfalls in Luxemburg, am Europäischen Gerichtshof. Ich freue mich, dass Werner am Wochenende hier sein wird.

Dirk hatte nun mehrere Wochen lang nicht an seinen juristischen Themen gearbeitet. Er musste sich die Aufgabenstellung wieder ins Bewusstsein rufen, das abstrahierende trockene Vokabular durchdringen, um zum Kern der Sache zu kommen. In seinen handgeschriebenen Papieren fand er die entsprechende Formulierung und las sie sich anschließend wie die Einleitung eines Referats laut vor: »Die Staaten der EU haben einander zu einer gemeinsamrechtlichen konformen Auslegung der Gesetze verpflichtet (§ 164 EWG).« Wie aber entsteht eine »konforme Auslegung« trotz tradiert unterschiedlicher Rechtssysteme in der Praxis? Meine Aufgabe: »Lassen sich anhand der Rechtsprechung des Europäischen Gerichtshofes (EuGH) allgemeine Rechtsgrundsätze definieren, nach denen sich eine verbindliche Rechtsprechung entwickelt?«

Einig waren sich Mutter und Sohn über die Nützlichkeit: Juristen mit Kenntnissen im Wettbewerbsrecht bringen in einer internationalen Kanzlei wie Grossmann & Meyer sicherlich Vorteile. Strittig war unter ihnen, ob Dirk überhaupt in diese Kanzlei eintreten wollte. Jedenfalls wird er anhand der Entscheidungen des Europäischen Gerichtshofes untersuchen, inwieweit diese rechtlichen Veränderungen bereits Gestalt angenommen haben oder unberücksichtigt geblieben sind.

Die letzten sechs Jahresbände der klobigen, kiloschweren, rosa gebundenen Bände der EuGH-Urteile standen jetzt auf dem Opfer- und Gabentisch. Die Arbeit konnte beginnen.

Am Mittwochnachmittag hatte Dirk in der englischen Ausgabe der Vorlesung von Adam Smith einen Fund gemacht, ein wissenschaftliches Schnäppchen, eine Formulierung, hervorragend als Zitat geeignet, gelesen und noch einmal gelesen. Er hatte die flache Hand auf die Seite gelegt, als ob der Text sich andernfalls verflüchtigen könne. Adam Smith, 1766 – er rechnete zurück: vor zweihundertvierzig Jahren.

»Jurisprudence is that science which inquires into the general principles which ought to be the foundations of the laws of all nations.«[1, 2] Für alle Nationen – heute immerhin für die Europäische Union. Die ersten Anläufe gelangen. Er exzerpierte Abschnitte aus den Urteilen des EuGH, aus denen sich Ansätze zu einer neuen, richtungsweisenden Rechtsprechung ableiten ließen. Solange er las, war er der Spürhund, solange er schrieb, herrschte er über die Zeichen. Der Text wuchs.

Dann waren die Speicher gefüllt. Er ermüdete, spürte, wie der Körper sich in seinen Bedürfnissen ausdehnte und den Denkraum verringerte. Schon eine Gewichtsverlagerung wegen des ungewohnten Sitzens beanspruchte seine Aufmerksamkeit, zwang ihn zu Überlegungen, ob der Gips am Oberschenkelrand scheuere und das Jucken auslöse. Er goss sich Tee nach und spürte seinem Unterbauch nach, ob dieser zum Wasserlassen aufforderte. Eine Stunde Joggen wäre Erlösung.

Er blickte auf seine Schriftzüge, die größer geworden waren und trotz Liniierung des Heftes nach oben zogen. Während er Endsilben sonst in auslaufenden Krümmungen verschwinden ließ, fehlten sie hier ganz. Mit dem Computer wäre es besser. Er wird Werner fragen müssen, vielleicht lohnte sich der Aufwand des Transports. Oder, ob er in seiner eigenen Wohnung sich nicht doch zurechtfinden könne?

---

1 Aus Smith, Report dated 1766, in: *Lectures of Jurisprudence*, im 5. Band der *Glasgow Edition of the Works and Correspondence of Adam Smith.*

2 Geplanter Titel der Promotionsarbeit von Dirk Haubach: *Sind der Rechtsprechung des EuGH Anhaltspunkte dafür zu entnehmen, wie sich die Neuformulierung der Vertragsziele in Art. 130 in Verbindung mit Art. 3 EWGV auf die Entwicklung europäischer Rechtsauffassung – insbesondere im Wettbewerbsrecht – auswirken wird?*

Sicher, mit dem Springen ist es ärgerlich. Dirk drehte den Kopf zur Außentür, als ob jemand gesprochen habe. Für Stefan und Henry ist es mein Markenzeichen geworden, daran erkennen sie mich. Sonst bemerkt es kaum jemand, der mich kennt. Also ganz für mich, eine klare Kalkulation über die Stufen und die Höhe, die Muskeln bereiten sich vor, wie ich es ihnen befohlen habe, ich bin in der Luft und setze mit beiden Füßen fest auf den Grund. Was soll's?

Also gut, ich gewöhne es mir ab. Das hatte ich mir nach dem umgeknickten Knöchel auch vorgenommen. Georgios lachte mich aus. Er meint wohl, das wird jetzt häufiger vorkommen. Als ob ich das nicht lassen könnte! Also gut, wenn ich den Gips los bin, ist das Bein ohnehin schwächer. Ich brauche es mir gar nicht abzugewöhnen.

Fili steht neben ihm. Sie war hereingekommen, als er glaubte, eine zweite Stimme gehört zu haben, die nichts anderes war als seine eigene, offensichtlich laut ausgesprochene Stimme.

»Ich habe dir von meinem Talisman erzählt, dem Schädel. Ich muss ihn nach dem Examen an die Pathologie zurückgeben. Ich habe ihn dabei, willst du ihn sehen?« Sie griff in einen dickwandigen Beutel und zog vorsichtig auf der flachen Hand dieses einstmalige Körperteil eines Menschen hervor, das ihr zahnärztliches Anatomiestudium erleichtern sollte. Sie setzte den Schädel nicht auf dem Tisch ab, behielt ihn auf den leicht gespreizten Fingern der im Ellbogen aufgestützten Hand. »Siehst du, die beiden Zahnreihen sind vollständig und der Biss ist perfekt. Am Knochen sieht man die Austrittsstellen der Gesichtsnerven, hier auch am Unterkiefer, man findet sie schwer bei den Lebenden.« Dirk hingegen hatte den Blick auf das kleine runde Loch seitlich an der Schläfe gerichtet. Fili drehte die Hand, um den Hinterkopf zu zeigen: »Was dort an Knochen fehlt, ist mit Kunststoff ausgegossen. Der Mann«, sie verbesserte sich rasch, »der Junge hat sich erschossen.«

»Woher weißt du, dass es ein Junge war?«

Fili errröte. Dirk schwieg. Sie atmete hörbar, blieb dicht an seinem Körper stehen, bewegte sich nicht.

»Er war ein Junge aus dem Nachbardorf. Er hieß Damis. Seine Mutter sagte, er werde Arzt werden, deshalb nannte sie ihn von früh auf Damianos. Das hat er auch geglaubt und gewollt. Er war mit mir auf der Schule.«

Fili weinte. Dirk spürte ihre Nähe, den Blutandrang in ihrem Gesicht, ein Schwall Körperduft erreichte ihn.

Dirk hätte aufstehen müssen, den Hocker unter dem Gipsbein wegschieben, seinen Stuhl nach hinten drücken, sich mit beiden Armen aufstemmen, um aufgerichtet und steif sich zu Fili drehen zu können. Er konnte nicht gleichzeitig die Prozedur des Aufstehens bewältigen und die Fragen beantworten, die ihn festhielten: Warum hat er sich erschossen, war er unglücklich verliebt? War es ein Unfall? Ein Verbrechen? Woher hatte er die Waffe?

Er stellte keine Fragen.

Als Fili gegangen war, saß er weiter an seinem Tisch, unbewegt, ein gelähmter Mann.

Später, er hatte die Bücher und Hefte aufgeschlagen gelassen und war zur Seite des Tisches gerückt, auf der Fili ihm den Imbiss für den Abend gedeckt hatte, spürte er seine sexuelle Erregung. Er erinnerte sich an Filis eingepackten Körper dicht neben ihm, ihren Bauch auf seiner Gesichtshöhe, prall und verschlossen. Welche Kraft würde er brauchen, um den ersten Knopf ihrer Hose aus dem eng gespannten Schlitz des Knopflochs zu lösen?

Er wünschte sich endgültig seinen Computer herbei, um einige Sexspielchen vorüberziehen zu lassen und sich dann einem hinzugeben.

Die Dame Dagmar

Henry, den Dirk vorgewarnt hatte, es dauere einige Zeit nach dem Klingeln, bis er öffne, besuchte ihn. Er brachte die letzten zwei Bände der EuGH-Entscheidungen aus der Bibliothek des Seminars. Henry ist der einzige aus dem Doktorandenseminar, der, immun gegen die Jahreszeit, trotz Jeans immer in einem schwarzen glänzenden Sakko zu sehen war, die Vorwegnahme und sozusagen Kurzfassung des vorgeschriebenen Talars vor Gericht. Dirk mochte seine Abneigung gegen ihn auf dessen Outfit beziehen, auch auf sein Auftreten als gemachter Mann, einer, der bereits in seines Vaters Kanzlei steckte und Prozesse durchzog und dem das Examen nur ein lästiges Hinterher war. Dirk wusste besser, worin Henry sich schwer tat: Schreiben. Am liebsten hätte der einen demütigen Skribenten an seiner Seite gehabt, bereit, jedes von seinem Mundwinkel abtropfende Wort aufzufangen und zu fixieren.

Dirk: »Sind die Termine für das Mündliche raus?«

Henry: »Nein, ich denke in zwei Wochen.« Er blickte auf das lange Gipsbein, den Fuß, der von einem Strumpf überzogen war: »Machst du mit?«

»Nein. Es war eine sehr komplizierte Operation. Ich habe nächste Woche wieder eine Nachuntersuchung und dann den Amtsarzt. Der Gips bleibt. Ich lese, wie du siehst.«

»Gut, dann pass' auf, nicht zu viel zu relaxen. Wenn man alles wieder hochfahren muss für die Prüfung, das kostet Kräfte. Ferienmachen wäre tödlich.«

Dirk nickte. Unvermittelt fragte er: »Hast du etwas von Dagmar gehört?«, und bereute die Frage zu spät, um eine Antwort vermeiden und einsetzende Erinnerungen zurückdrängen zu können.

»Nein. Sie ist, wenn ich mich recht entsinne, jetzt ein Jahr zurück, sie war längere Zeit krank, glaube ich und...«, Henry sprach mit einem leicht sich selbst entschuldigenden Lächeln, »... ist lange aus, wenn es je war.«

Henry war bei Dagmar ein Vorgänger gewesen, Dirk also ein Nach- oder besser Hauptgänger. Hatte er gerade Hauptgegner gedacht? Dagmar und er hatten sich seit bald zwei Jahren nicht gesehen, und wenn Dirk eine Freundin besaß, so war es Susanne, die Medienpädagogin, die sich zwar zurückgezogen hatte, vielleicht nicht für immer, und der er über seinen Unfall schreiben sollte.

»Wenn es je war.« Dieses Echo aus Henrys Bemerkung löste bei Dirk eine gegenläufige Gedankenfolge aus. Er hatte ihm nie getraut, auch nicht damals in seiner wegwerfenden Geste, sie habe sich ihm einmal nackt gezeigt. War er, Dirk, nicht der wahre Lover gewesen?

Die Erinnerungen an Dagmar nehmen von ihm Besitz. Sie, die Juristin mit der weißen Haut, die sie gerne bot. Am bloßen Hals offene Pullover, lose Blusen, ihre Hände ohne Ringe. Streng im Ausdruck, dunkle, eher tiefliegende Augen, über die sie ausdrücklich bemerkte, sie seien grün. Der Mund gespannt, die Lippen bewegt, heiter? hingebend? anspruchsvoll? spöttisch?

Henry machte sich bereit zu gehen, rollte sorgfältig die dünne Jutetasche ein, sodass die Trageschnüre nicht heraushingen. Er tätschelte Dirks Schulter: »Komm wieder auf die Beine.«

Dagmar, sie war Wirklichkeit geworden. Nicht seine erste Partnerin, hatte sie seine imaginären aufklärungs- und lustsüchtigen Erkundungen in den Porno-Clips weitgehend abgelöst.

»Ich brauche Sonne«, hatte Dagmar gesagt, »dort, wo sie sich hingibt.«

Es gab keine Reisevorbereitungen, nur einen kurzen Austausch über das Fahrzeug.

Dagmar: »Was hast du?«

»Einen Honda.«

»So, kenne ich nicht, wahrscheinlich ein kleiner Japaner. Nehmen wir meinen BMW, der ist besser auf langen Strecken.«

Also ging es in den Süden. Frankfurt – Basel – Zürich – Europa-Autobahn 3. Vor Sargans begann der Regen. Sie wechselten sich ab beim Fahren. Dagmar fuhr schneller als er, härter, sicher. Sie lasen einander Verkehrsangaben vor, sprachen wenig. Vor Chur wurde es dunkel, der Regen dichter, von streifigem Schnee durchsetzt. Während er tankte, hatte Dagmar einen Sechserpack Bier mitgebracht. »Davon kann ich mich ernähren«, hatte sie schon einmal in ihrer Wohnung gesagt, in der es Gläser genug gab, und erhobenen Hauptes aus der Flasche getrunken.

Obwohl zweimal der Hinweis zu lesen war, die Passstraße zum San Bernardino-Tunnel sei geöffnet, hatte sich Dagmar bestätigen lassen, dass heute auch in der Nacht und bei Schneefall der Verkehr fließe.

Die Müdigkeit traf sie beide gleichzeitig. Sie bogen bei Splügen in einen von Lastwagen voll besetzten Parkplatz ein, fanden einen Streifen für Personenwagen. Der Schneefall war dicht geworden, es hörte sich an, als schabe er über dem Dach entlang. Sie konnten sich später nicht erinnern, ob sie im endlosen Schneetreiben auf dem Parkplatz standen oder die Passstraße fuhren, ob die Scheibenwischer je ausgestellt waren und ob auch der Parkplatz sich in andauernder, kurviger Bewegung befand.

Bellinzona-Lugano. Aus dem Schneefall war wieder Regen geworden. »Wir müssen weiter«, sagte Dagmar. Beide hatten gehofft, bereits hier in einem südlicheren Klima angekommen zu sein. Autobahn blieb Autobahn, so wie der Regen blieb. Dagmar studierte den Autoatlas und entschied: »Cinque Terre, das klingt gut, das gefällt mir.« Wieder fuhr Dirk, sprach wenig, fühlte sich im Aufbruch, mitten im Abenteuer.

Angekommen am folgenden Abend fanden sie ein Appartment mit Dachterrasse. Dagmar prüfte, ob man nicht oder nur schwer hineinsehen konnte, und war zufrieden. Dirk erinnerte sich kaum an die erste Nacht, in der sie miteinander »verkehrten«, angenehme Erregungen inmitten seiner Müdigkeit.

Es war kalt am Meer, windstill und warm auf der sonnenbeschienenen Terrasse. Dagmar lag ausgestreckt nackt auf dem Bauch. Er freute sich auf Sexualität am Abend, zuvor risi e bisi, feines Roastbeef mit Montepulciano. Während seine Hände, er erinnerte sich, wach wurden, er sich noch hütete, sie zu berühren, sie seine Annäherung spürte, sagte sie, sie denke an den Mann, den sie liebe. Einen Juristen, beamtet, mit Frau und Kindern, sie spräche nicht über ihn, sagte sie und sprach dann doch. In dieser Nacht müsse sie für sich sein. Er verstand. Beim Frühstück sagte sie: »Ich werde nicht mehr mit dir schlafen.«

Am dritten Tag fuhr er morgens allein hoch in den Apennin, wo es viel Schnee gab, rollte einen ungewöhnlich großen Schneeball, der im Kofferraum später als Eisklotz ankam und präsentierte ihn auf der Terrasse. Dagmar verstand, bot ihm ihren Körper, und was er später in der Erinnerung behielt, war, als ob er mit ihr eine lange Zeit in einer tiefen Umschlingung verbracht hätte und ihn ein nicht bekannter, auch nach dem Koitus anhaltender Zustand von Befriedigung, Erleichterung und Glück begleitete, als besitze er, wie von ihr eingeimpft, eine Erfahrung, die mit ihr zu wiederholen ihm nun aufgetragen sei.

Sie richtete sich im Bett auf: »Ich bin jetzt 27 Jahre alt und werde noch drei Jahre schöner. Sieh' auf meine Brüste. Sie stehen ab, starren nach vorn, Mädchenbrüste. Sie müssen wachsen, sich runden und senken.« Mit den Händen griff sie unter ihre Brüste, ließ einen schmalen Raum dazwischen und sagte: »Dann sind sie fertig.«

Als sie wieder miteinander geschlafen hatten, er schämte sich bei der Erinnerung – es war wie eine Bettelei von mir –, als Dagmar gespürt hatte, wie sich seine Erregung steigerte und zu früh abbrach, erklärte sie ihm: »Du hast nur mit schlechten Frauen geschlafen, das musst du dir merken!« Sollte sie damals auch gesagt haben: »Bei gutem Sex bin ich in einer anderen Welt«? Sollte das auch für ihn gelten?

Bei seinem letzten Strandspaziergang, allein, vergaß er, gegen seine gewohnte Art, von allen Urlaubsstränden eine Probe

Sand mitzunehmen. Seine Sammlung steht oben in seinem Jugendzimmer, er will sie sich wieder ansehen, wenn er hinauf kann, die beschrifteten und gestöpselten Gläser, aus denen es unverwechselbar glitzert oder matt leuchtet, pulvrig fein oder grob gekörnt, Mallorca, Kroatien, Ostsee. Auf der Rückfahrt verlangte Dagmar, geängstigt, wie sie jetzt schien und doch überzeugt, als könne sie Sanktionen verhängen: »Du wirst es niemand erzählen. Ich bin nicht mit dir verreist, ich habe nicht mit dir geschlafen.«

Den nächsten Abschnitt seiner Referendariatszeit hatte Dirk in der Kammer für Strafsachen absolviert. Dagmar hatte ihm einen Brief geschrieben, handschriftlich, auf großem Format, in bedeutender Schriftgröße und erklärt, wer sie sei und was sie suche. Erst später war ihm bewusst geworden, welches Dokument sie damit aus der Hand gegeben hatte, sie, die sich zwanghaft verbarg und sich ihm nun doch anvertraut hatte.

Dort war etwas geschehen, Stunde um Stunde, auf der endlosen, fast sprachlosen Reise, was in ihm weiter geschah und noch geschieht. Etwas zwischen einer ihm unbekannten Nähe und der eisigen Ablehnung, das ihn überforderte. Das Fahren, die Sicherheit in einem umschlossenen Raum, alles Lebensnotwendige vorhanden, Luft, Nahrung und die Wärme dieser Frau. Sie hat sich mit mir vereinigt, mich eingesogen und behalten, ich fühlte mich bei ihr angekommen, um zu bleiben. Warum hat Dagmar mich weggestoßen, mich beschimpft, kein besserer Liebhaber zu sein?

Auf der Rückreise hätten wir reden sollen.

Später traf ihn Stefan vor dem Oberlandesgericht und sprach ihn an: »Du treibst dich da herum. Hast du etwas verloren?«

»Nein, ich bin nur in Gedanken.«

Stefan lachte: »Ich war in Eile und musste hinauf zum Sitzungsbüro. Vor einer halben Stunde war das, ich sah dich von weitem und jetzt bist du immer noch da. Du siehst aus, als seist du verabredet und die Dame kommt nicht.«

Dirk fühlte sich ertappt und sagte ärgerlich: »Wer kommt nicht?«

»Also, lassen wir das«, sagte Stefan, »bei mir ist das jedenfalls so, ich kenne mich, da steht man da und sucht überall nach einer und meint, ganz nah zu sein, quält sich und ist doch ganz scharf auf diese Suche…«

Dirk: »Hast du das oft?«

Stefan: »Selten, aber immer wieder. Irgendwo läuft dein Glück herum. Du musst es suchen! Es ist nicht zu vermeiden und hält bei mir nicht allzu lange. Kenne ich sie?«

»Wohl kaum.«

»Also doch eine von uns?«

Dirk, der sich noch immer wie verdächtigt fühlt: »Wird wohl so sein.«

Damals hätte Dirk gerne mit Stefan weitergesprochen, hier auf der Straße fand er es unpassend, auch im Stehcafé gegenüber, gut besucht in dieser Mittagspause. Sie trennten sich. Gut, dachte Dirk, dass es nicht Henry war, der mich so gesehen hat.

Es blieb ein »Dagmar-Wahn«, der ihn verfolgte und den er doch als einen virulenten Besitz spürte. Sogar Karin hatte bedauert, dass es mit der Juristin Dagmar und ihrem Sohn Dirk so rasch auseinandergegangen war. »Sie war doch akzeptabel und hätte dir den Rücken gestärkt.« Darüber hatte er bitter gelacht. Danach hatte er wieder in den Videoclips gesucht, seine Spielchen, und sogar einen Ersatz, eine Dagmar-ähnliche gefunden, die mit dem Sex kämpfte, scharfe, dünne, gequälte Falten in der Stirn, ernst und wie auf der Suche nach ihm.

Werner

Dirk schlief, als sein Stiefvater Werner früh am Morgen zurückgekommen, sich selbst zwei Stunden hingelegt hatte und ihn zu einer späten Frühstückseinladung weckte. Karin hatte die Situation »Dirk im Haus« ausgiebig nach Lagos gemailt. Werner war der Mann, der Dirk gelehrt hatte, eine männliche Umarmung verlange Bauch-an-Bauch, ein spürbares Ereignis.

Dirk humpelte mit Krücke und angezogen-hängendem Gipsbein zum Esstisch, schob den von Werner verstellten Hocker mühsam zu seiner eigenen Stützposition, drehte den Oberkörper zu Tisch und Stiefvater. Werner, freundlich und hinwendend, auch wenn er selten lachte, beobachtete die Bemühungen Dirks ruhig und aufmerksam: »Wieder dein Fußgelenk?«

»Nein, diesmal das Knie!«

Werner, der von Karin mehr als genug unter dem Motto »Schon wieder!« gehört hatte, sagte: »Nimm es hin und kümmere dich um deine Sachen, soweit du kannst.« Als er in Dirks Gesicht blickte, das einen Tadel zu erwarten schien, ergänzte er, aufmunternd: »Am besten, du lässt es mit dem Hinfallen bleiben.«

Werner betrachtete den weißen Gips, als müsse er einer Verpflichtung nachkommen: »Dann unterschreibe ich mit ›guten Wünschen‹«, zückte den Kugelschreiber, »von Chief Owamburu ›persönlich überreicht‹, sehr wertvoll, die Halterung aus verbotenem Elfenbein, versteht sich.« Jetzt lachte er.

Dirk meinte, seinen Aufenthalt hier erklären zu müssen: »Eigentlich sollte ich in die Reha. Der Chirurg will mich behalten, er hat ein spezielles Trainingsgerät entwickelt, das er mir ausleihen will. Karin hatte vor, mich trotz dieses Humpelbeins und Krücke in die mündliche Prüfung zu jagen. Sie fände einen genehmen Orthopäden, hochrangig, ›ich habe da meine Beziehungen, der stellt dir dann die Bescheinigung aus, du seist prüfungsfähig und der Amtsarzt, weil niederrangig, müsse das unterschreiben‹. Ich habe beides abgelehnt und bin jetzt hier.«

Werner, glatt rasiert, dichtes graues Haar, zu lang für die Mode und in Gefahr, links über die Stirn zu fallen, Dirk gegenüber an diesem sehr geräumigen schweren Esstisch, streckte – es ist seine Eigenart – Kinn- und Mundpartie vor, die Lippen straffen sich, es wirkt, als nähere er sich mit dem ganzen Gesicht. Der Mund bleibt geschlossen und in der oberen Gesichtshälfte verengen sich die Augen, ohnehin dunkel, richten sich auf Dirk und geben ihm die wohlwollenden Signale ab, die von den Wörtern nur bestätigt werden: »Du bleibst jetzt hier, solange du willst.«

Mit einer schiebenden Bewegung des Unterarms hatte Werner die aufgeschlagenen Bücher, das großformatige Ringheft, die Notizzettel und Fotokopien nur wenig beiseite gerückt, um das bescheidene Frühstücksarrangement aufzubauen. Jetzt beim Abräumen – Dirk hatte sich unfreiwillig im Rücken aufgerichtet, eine höflich hilflose Geste, behilflich zu sein – warf er einen Blick in die so geöffnete intellektuelle Welt.

Werner: »Darf ich blättern?« Er wartete, bis Dirk genickt hatte, und schlug die Titelseite auf: »Jeremy Bentham – liest du nun Philosophie?«

»Nein, das lese ich für den geschichtlichen Hintergrund meiner Diss. Grundlagen, wenn du so willst, aus denen sich modernes Wettbewerbsrecht entwickelt. Seit Ende des 18. Jahrhunderts wird diskutiert, gerade jetzt in der EU, ob die Gemeinschaft nämlich etwas anderes sei als ein, wie man formuliert, ›nutzungsmaximierter Körper‹.«

»Aha«, sagte Werner, »ein beeindruckender Begriff.«

Dirk sprach weiter: »Für das zukünftige Wohlergehen in der EU reiche es nicht aus, von einem rein kapitalistisch-liberalen Weltbild auszugehen. Wir gegen alle anderen…«

»So ist es doch«, sagte Werner.

»Und wodurch ändert es sich? Nur durch Rechtssysteme, die allen Gruppen Chancen bieten.«

»Richtig, das setzt aber gesellschaftliche Wirklichkeiten voraus. Dort in Nigeria, im Mangrovensumpf um Lagos, ich überlege, genau genommen so gut wie überall, spielt das Leben auf andere Weise. Wahrscheinlich noch in hundert Jahren.«

Dirk wusste, dass Werner im Auftrag petrochemischer Großkonzerne sich auf die Einrichtung von Großraumbüros spezialisiert hatte, in Singapur und jetzt wieder in Nigeria. Auf jeder Ebene würden, soweit Dirk es verstanden hatte, die verschiedenen Arbeitsgruppen so platziert, dass die realen Entfernungen zwischen ihnen verkürzt und die Arbeitsvorgänge nachweisbar effizienter würden.

Werner, weiter Dirk gegenüber am Tisch, streckte die Beine lang und rutschte tiefer in seinen Stuhl, als wolle er sich trotz Businessclass aus der Enge seines Flugzeugsitzes wenigstens der Länge nach ausdehnen. So lagen beide flach einander zugewandt, schwiegen. Plötzlich, ohne äußeren Anlass, setzte sich Werner abrupt auf und reckte den Hals: »Different drums!, sagen sie. Afrika ist anders! Gut. Aber bald hörst du andere Trommeln aus dem Busch. Anstatt Trommeln Schüsse, Salven, siehst Mündungsfeuer und Rauch! Zeit für den Rückzug.«

Dirk erschrak und versuchte, sich wenigstens durch einen steifen Rücken in eine angemessen zuhörende Haltung zu bringen.

»Vor zwei Monaten war die Sache perfekt. Die lokalen Büros des Aluminiumwerkes waren alle auf einer Ebene eingerichtet und, was neu war, räumlich so organisiert, dass sie von überwiegend westlichen Fachkräften und Nigerianern gleichrangig und personell je zur Hälfte besetzt werden und später in allein nigerianische Hände übergehen könnten.

Von Singapur weg hat man mich geholt. Notfall. Als ob noch etwas zu retten wäre! Praktisch war alles gesichert. Die innere Betriebsaufsicht, der äußere Werkschutz. Die Lastwagen aus Lagos mit dem Inventar waren ohne Ausfälle innerhalb des Werkgeländes angekommen, das heißt, hinter doppeltem Sicherheitszaun. Die Materialien für die Installation der Geräte vorhanden und auch die Techniker dazu aus dem Dorf der Expatriats.«

»Was heißt das?«

»Eine eigene Siedlung für die Fachkräfte, die außerhalb ihrer nationalen Territorien arbeiten, hochbezahlte Fremdarbeiter. Willst du das wirklich alles hören?«

Der Vormittag gehörte dem Sprechen, Werner ungewohnt redselig, Dirk ein guter, weil affektiv teilnehmender Zuhörer.

»Also, wir, zwei Holländer und ich, hatten Pannen einbezogen: korrupte Polizei, kleine Diebe überall, Materialienklau, Stromausfälle. Per Flanders, der vor Ort war, wurde von einem General Officer begleitet, der wie jeder, der eine durch Uniform nachweisbare Befehlsgewalt hat, immer von einem oder zwei Kerlen mit Schusswaffen begleitet wird. Andernfalls geschieht das, was dort jeder versteht und es »accident« nennt. Dieser Officer teilte meinem Per Flanders sehr höflich und sehr zuvorkommend, wie es schien, mit, das Ministerium habe angeordnet, die Gemeinschaftsbesetzung nicht durchzuführen, da sich die leitenden Afrikaner der jeweiligen Arbeitsgruppe nicht mit einfachen Angestellten aus Nicht-Afrika zusammensetzen wollten. Die Inbetriebnahme werde ausgesetzt, bis sie in rein nigerianische Leitung übergehe. »No go!«, das genügte. Per Flanders machte einige hilflose Anrufe zum Ministerium.

Also dann normale Plünderung: Von den Computern keine Spur mehr, alles mobile Inventar entfernt, Tische, Sessel, Lampen, die Leitungen in Wänden und Decken aus dem Putz gerissen, Rigipswände eingeschlagen, weil man nicht wusste, wo die Kabel verliefen, Messingrohre durchgesägt oder geknickt, alle Türgriffe, Steckdosen, alles hat hier seinen Wert und sofort einen neuen Besitzer. Ich habe nicht genau erfahren, wie die Umstände dieses Mal waren. Üblich ist das bei einem Machtwechsel oben. Die neuen übernehmen das Eigentum, sprich, reißen es an sich. Hier muss für einen einzigen Tag ein Machtvakuum eingetreten sein. Die Arbeiter, die meisten, die auch schon einmal Polizisten waren oder Soldaten, wissen, wann die Stunde geschlagen hat und nutzen sie, um zu überleben. Raffen, stehlen, plündern, jeder nach seinen Fähigkeiten. Der Handel blüht. Geschädigt sind die Investoren, und die sind es langsam leid.«

»Was ist mit den Versicherungen?«, fragte Dirk.

»Ab Auslieferung der Waren in Lagos-Hafen gibt es keinen Versicherungsschutz. Beim Umladen bereits werden Kisten markiert, das bedeutet, sie werden nicht am Zielort ankommen. Natürlich verlangen die westlichen Ölfirmen Entschädigung. Aber die jeweils neue Regierung erklärt, nichts mit den alten Verträgen zu tun zu haben. Im Gegenzug bezahlen die Konzerne geleistete Öllieferungen nicht.«

Dirk: »Ich habe Fotos von Lagos gesehen, Skylines wie in Frankfurt oder London.«

Werner: »Wenn die Gebäude einmal stehen, sieht man von außen nicht, ob sie belebt sind, ob drinnen Geld verdient oder verloren wird. Ob sie Abschreibungsruinen sind. Manche Bürosilos entstehen aufgrund von Wachstumsprognosen, die sich nicht bestätigen. Sie stehen in der Skyline in Warteposition auf einen neuen Boom.

Von den Hintergründen der Korruption und des Machtwechsels bekomme ich wenig mit. Ich bin Organisator und Ingenieur mit fest umrissenen Aufgaben, ein Expatriate. Übrigens, Boom gibt es ohne Unterbrechung nur an Menschen. Als ob sie der Urwald erzeugt, die feuchten und fruchtbaren Gebiete im Inland. – Am besten, Dirk, du kommst einmal mit. In zwei Wochen hast du mehr erfahren, als du dir hier erdenken kannst. Vielleicht schicken die von Grossmann & Meyer dich hinunter, wenn du Juniorteilhaber bist. Deine Mutter will das. Und dein Großvater betrachtete dich immer als Nachfolger in den Familiengeschäften, nicht mehr Kolonialwaren-Händler, sondern Jurist und Prokurist.«

Dirk, der jetzt lieber mehr von Werners Afrika erfahren hätte, raffte sich zu einer kurzen Antwort auf: »Sie soll mich in Ruhe lassen, ich bin vergipst, sitze an meiner Diss und werde Assessor und überlege es dann.«

Werner blickte hoch: »Was ist los, Dirk! Nicht mehr der alte flotte Dirk?«

Dirk verlagerte sein gegipstes Bein auf dem Hocker, die Ferse eine Handbreit nach außen gedreht. Werner sah, wie er sich im Rücken abmühte, prüfte, ob die neue Position erträglicher wäre. »Ich bin irgendwie ausgebremst und auch ziemlich allein«, sagte Dirk.

Werner wendete sich ihm zu, die Arme ausgestreckt und geöffnet, als ob er ihn über den Tisch hinweg umarmen oder wenigstens berühren könnte: »Du bist immer schnell gewesen, solange ich dich kenne. Du kommst wieder in deine Gänge, wenn der Gips weg ist.«

»Ich hoffe es«, sagte Dirk und war nicht davon überzeugt.

»Wenn du mit dem Treppen-Springen aufhörst und dafür täglich eine Stunde joggst, hast du die notwendige Bewegung.«

Dirk, verunsichert, zögernd: »Mag sein, aber das Joggen ist langweilig. Die Treppe reizt mich, es kommt über mich, ist mein Traum, ich fliege.«

»Du wirst es entscheiden.«

Werner überblickte die in orange gefärbtes Leinen gebundenen Bücher, die Entscheidungen des Europäischen Gerichtshofs. »Sie sehen aus wie Backsteine«, sagte er, »geeignet, jemanden zu erschlagen. Steht da alles drin, was du zu bearbeiten hast?«

»Ja.«

»Dann ist es wenigstens übersichtlich und begrenzt.«

»Ja, aber das läuft nicht wie geplant. Der Prof hat uns überschätzt, wie er selbst gesagt hat, und uns drei Doktoranden zu einer Besprechung eingeladen, ich konnte nicht hin, Stefan hat mir berichtet.«

»Wieso überschätzt?«

»Also, um Tendenzen in der Rechtsprechung zu erkennen, musst du erst einmal die Buchstaben des Gesetzes kennen und die herrschende Meinung in der Interpretation. Diese gesuchten neuen Auslegungsgrundsätze stehen nicht explizit in den Urteilen, man muss da zwischen den Zeilen lesen. Uns fehlt dazu aber die Kenntnis der Gerichtspraxis, auch hier, aber erst recht über die Anwälte und Richter beim EuGH. Diese Arbeit müssten die alten Hasen machen und nicht wir!«

»Was folgt daraus?«

Dirk lächelte, seine Lippen schmal und gepresst, nur ein leichtes Zucken ist zu erkennen: »Gut formuliert, Herr Kollege!«

Werner wartete: »Wie soll es weitergehen?«

»Das wissen wir noch nicht. Der Prof überlegt, ob es für die Diss reicht, wenn wir die Urteile nach Aussagen durchsehen, die möglicherweise Anhaltspunkte für eine geänderte Rechtspraxis bieten, ohne sie selbst zu interpretieren. Das müsste in einer Habilitationsschrift untersucht werden. Übrigens«, Dirk verlagerte wieder die Ferse auf dem Hocker und Werner blickte in das angestrengte, auf die inneren Spannungen gerichtete Gesicht, » übrigens ist mein großer Fund, das Zitat von Adam Smith aus dem Jahr 1766, für das ich gelobt wurde, auch nur ein Zufallstreffer. Es sei ein gutes Motto oder eine Überschrift für eine Einleitung, sagte der Prof, man müsste die Sekundärliteratur durcharbeiten, das gäbe eine neue Arbeit, eine Geschichtsdissertation, ›aber eine solche Bibliothekshockerei liegt Ihnen wohl nicht‹. Er hält mich wohl für einen Flitzer.«

Unwillig hob Dirk die schmalen Bände in der etwas vergilbten Leinenbindung und den Bibliothekssignaturen auf den Rücken hoch und türmte sie übereinander. Werner beobachtete ihn.

»Natürlich, Dirk, kannst du nicht Philosophie und Rechtswissenschaft verbinden. Die großen Zusammenhänge erkennen zu wollen, ehrt dich. Nur, wenn Karin kommt und diese Bücher sieht, wird sie bitter und sagt mir: Was soll er damit? Will er etwa an die Uni oder Privatgelehrter werden? Zur Zeit ist sie leicht auf hundertachtzig. Hat sie dir gesagt, die Vermutung Brustkrebs ist immer noch nicht ausgeschlossen? Zwei Gutachten liegen vor, ich befürchte, sie sucht nach einem dritten. Lasst euch wechselseitig in Ruhe. Wenn die Philosophie dir gut tut, ist es recht.«

Dirk hatte von dem Verdacht auf Brustkrebs bei seiner Mutter nichts gewusst.

Am Nachmittag kam ihr Anruf über das Festnetz, Werner nahm ab. »Ich komme später vorbei«, erklärte sie und wollte Dirk sprechen. Das dauerte eine Zeit. Dirk humpelte aus der Küche – ärgerlich: sie weiß es und warum erreicht sie mich nicht mit dem Handy?, stapfte heran, schlug den Gummifuß der Krücke absichtlich gegen das Parkett. Soll sie es hören!

»Also«, sagte sie, »ich komme heute Abend und habe viele gute Sachen gekauft. Es sollte ein Brunch werden mit einer Mitbewerberin um die Fördermittel. Sie war ›verhindert‹, so wird es ein kaltes Abendbuffet für uns. Der Lachs kann nicht eingefroren werden und die Salate halten sich nicht. Wenn du willst, lade deine beiden griechischen Nannys ein.«

»Es ist nur eine, Fili, das weißt du. Sie jobbt und studiert Zahnmedizin. Die andere ist die Schwester meines Orthopäden aus der Klinik. Sie windeln mich nicht!«

»Weiß ich, weiß ich, Didilein, sei nicht so empfindlich! Bleibt Werner da?«

Dirk fragte bei Werner, der nickte.

Dirk, empört über das »Didilein«. Außerdem: »Was soll das? Wieso kann sie Leute kurzfristig ausladen? Soll sie ihr Resteessen mit anderen veranstalten!« Die Vorstellung eines gemeinsamen Essens machte Dirk unruhig, die Gegenwart Werners milderte.

»Diese Familiendinge nerven mich«, sagte Dirk.

»Da sind sie immer so.«

»Mit mir machen sie etwas, das nicht in Ordnung ist.«

»Was?«

»Etwas in mir reicht nicht…«

»Vielen Müttern reicht es nicht, was ihre Kinder tun. Das sollten die Söhne wissen und ihre eigenen Wege gehen. Du hängst dich an den falschen Auseinandersetzungen auf. Es ist ein Tic von Karin, Kühlschränke zu überladen, Essen von einer Wohnung in die andere zu transportieren. Sie hat euch immer mit vollen Beuteln sonntagnachmittags zurück ins Internat entlassen, ihr habt nicht nein gesagt. Das sind Nachkriegsneurosen, bei Karin noch immer.«

Dirk rechnete nach: »Das liegt fast 60 Jahre zurück, heute sind wir bei 2005. Da war Karin noch nicht einmal geboren.«

»Das stimmt nicht«, sagte Werner, »da war sie drei Jahre alt, auf der Flucht aus dem Osten. Ihr meint oft, Eltern hätten vor euch nicht gelebt, Eltern ohne Schicksal. Du sagst, ich kenne die Story: Sie gehen verloren, treffen sich auf einer Sammelstelle des Roten Kreuzes, Mutter und Kleinkind und Dienstmädchen, der Vater ist in Kriegsgefangenschaft und plötzlich als begehrter Wissenschaftler in den USA, Torpedo-Experte, stammt aus bedeutendem Handelshaus, Importe-Exporte mit Afrika, Gerätschaften gegen Kolonialwaren.«

Dirk war unruhig geworden. »Zwangsbewunderung!«, rief er, »damals und immer. Er, immer nur er und die Mutter im Schlepptau!«

Werner lachte laut auf: »So unrecht hast du nicht, ich war für ihn mit meinen Großraumbüros nur ein Möbelverkäufer und so ein windiger Organisator. Aber er hat für Karin gesorgt und für euch drei, als dein Vater Rüdiger plötzlich gestorben war, Karin keine dreißig Jahre alt und ohne Beruf.«

»Hat in seine Brieftasche gelangt und bezahlt, konnte er leicht.«

»Und Karin schaffte für sich und mit euch an drei Händen und drei Armen ein gesamtes pädagogisches Studium! Sicher war der U-Boot-Mann, wie ihr ihn genannt habt, knöchern und alt, Mann des vorletzten Jahrhunderts, verlangte Respekt, ›alte Schule‹. Wie er ab seinem 95. Lebensjahr kämpfte, um sein Jahrhundert zu erleben, im Jahr 2000, wie er die Operationen überstand, das musst du dir in Ruhe einmal von Karin erzählen lassen.«

Dirk, unbewegt, störrisch: »Mit meiner Mutter ist es kaum lockerer, sie schwört auf ihn, auf Grossmann & Meyer, wo das Geld hinkommen soll. Ich bin eine Marionette. Astrid nimmt sie übel, dass sie Psychologie studiert hat. Die Afrikasaga ist verlogen, interessiert mich nicht mehr.«

Werner: »Ich glaube, du täuschst dich. Ihr hattet Großvater und Karin allein, als Rüdiger den tödlichen Unfall hatte. Das gilt für dich ab der Zeit, als du zwei Jahre alt warst. Wenige Jahre später kam ich und blieb bei euch. Die Afrikageschichte, die Kriegs- und Nachkriegszeit bleiben der Hintergrund deiner Eltern – und jetzt nehme ich mich hinzu, für euch präsent und wichtig. Würdest du mir so gebannt zuhören, wenn ich irgendein fremder Organisator in Afrika wäre? Wenn der Gips weg ist, suchst du mich auf, wahrscheinlich wird es in Kenia sein.«

Dirk spürte den Drang nach der Toilette, hob seine Krücke, stieß sie hart auf den Boden: »Alte Schule, tausend Sprüche! Sprüche! Gelten sie immer noch? Was soll ich mit ihnen anfangen? Vor dem Abitur habe ich eine Sammlung von Großvatersprüchen, seitenlang, mit Astrid zusammen und mit Anstand verbrannt.«

Dirk wollte seine Promotionssachen beiseite räumen, bevor seiner Mutter erscheint. Da er im Stehen eine Hand an der Krücke halten musste, war er in seinen Bewegungen eingeschränkt, steif und unbeholfen. Nach einem kurzen wortlosen Einverständnis schob Werner Dirks Bücher, Schreibblocks, Stifte, Marker zur Seite, legte sie auf das hölzerne Servierbrett und trug sie in Dirks Zimmer. Auf dem Rückweg äußerte er sich kurz und meinte, er und Astrid könnten versuchen, anders mit der Mutter zu reden. »Astrid ist durch ihr Psychologiestudium vielleicht näher daran als du.«

Dirk ahnte, wie das Sich-Nähern an eine Familiensituation ihn einfing, und suchte Abstand: »Astrid kommt zweimal im Jahr, häufiger hält sie es mit Karin nicht aus.«

Karins »Sache«

Karin, unverwechselbar in ihrem dichten, kurz geschnittenen, pflegeleichten, schräg bis an die Stirn gekämmten Haarschopf, die »Baskenmütze«. In ihrer Jacke, wasserabstoßend und mit großen runden Holzknöpfen, wirkte sie wie eine entschiedene Lehrerin für Sport und Geographie. Sie kam mit einem weißen, hartwandigen, eckigen Gebilde, dessen Handgriff in der Mitte so weit von der Seitenwand entfernt war, dass sie das Ding nur mit einem schräg nach außen ausgestreckten Arm tragen konnte. Werner, nicht verwundert, nahm es ihr ab und Dirk hörte die Erklärung: »Das ist eine Kühlbox, sie hat auch zwei seitliche Griffe, die tragen dann die Jungen aus der Schule, wenn wir auf Picknick-Ausflüge gehen.«

Werner hatte sich umgedreht, die Kühlbox vor der Brust auf beide Unterarme gelegt, und nun erkannte Dirk, der Gelähmte, aufrecht mit Gipsbein und Krücke seine Mutter, die ihm zunickte und sofort Werner in die Küche folgte. Dirk blieb stehen, eine Hüfte an den großen Tisch gelehnt, das gab statische Sicherheit. Werner kam aus der Küche mit einem großen Tablett, hoch gestapelt mit essbaren Waren, stellte es ab. Dirk deutete an, er könne es verteilen. Werner nickte.

Für einen Moment stellte sich Dirk vor, das übervolle Tablett mit einem Stoß über den Tisch zu fegen und wegzulaufen, hinauf in sein Zimmer, hinaus in den Vorgarten – und kehrte zurück zur Wirklichkeit. Also – der Servierjunge bin ich!

Da Karin die Speisen bereits in kleine Dosen verteilt hatte, brauchte er nur die Deckel abzuziehen und die Speisen auf dem Tisch auszubreiten. Werner brachte eine weitere Ladung auf einem großen ovalen Vorlegeteller, Mineralwasser in den drückbaren Plastikhäuten und eine Flasche von jenem *Blanc de blancs*, den sie beide bereits schätzten. Vorhanden also: Oliven, Paprika, Frikadellen, geräucherter Lachs, glacierter Aal, Butterwürfel, grüner Feldsalat, bleiche Chicorée-Kolben und beigelegte flache Beutel mit Dressing, kaum angedrückte Tuben mit Mayonnaise, Pasten ihm unbekannter Art. Aus einer großen Papiertüte Laugenbrezel, Grahambrötchen, dazwischen die Kümmel-Minis und glattes, matt gelbes, ihm unbekanntes eiförmiges Ölgebäck. Darunter auch abgepacktes Pumpernickel, die Verpackung aufgerissen, an den Rändern angetrocknet und gewellt. Leicht raschelnd das Käsestangenzeug ohne Gewicht in Silberpapier.

Das Bankett wurde eröffnet. Karin zufrieden: »Ihr seht, was ich euch bringe, das hättet ihr nicht gedacht – oder?«

Ihre Gäste bestätigten sie.

Sie speisten. Karin war einmal in die Küche gegangen und hatte Eiswürfel geholt, für den Wein, den sie, nur kellertemperiert, nicht spritzig genug fand. Werner hatte vorgesorgt und die zweite Flasche in den Kühlschrank gestellt.

Karin erklärte Werner und Dirk, was Sache sei, ihre Sache: »Da ihr beide es nicht genau wisst, also: Im regionalen Bildungsentwicklungsplan werden, um das Spektrum der Fächerangebote in Schulen zu erweitern, Haushaltsmittel bereitgestellt, sofern von Stiftungen und Spendern für die Anfangsphase mindestens 60 Prozent der Mittel eingebracht werden. Mein Projekt, das wisst ihr, ist, das Wahlfach Latein von vornherein und später Altgriechisch ab der Quarta einzuführen, ein richtiges Gymnasium also. Frau Seeland ist meine Konkurrentin mit einem Medienprojekt, was leichter zu verkaufen ist, außerdem ist sie pfiffiger und jünger als ich, lacht mehr, hat Fans, ich nur Großväter, allerdings mit Geld. Wir waren beide in der letzten Runde. Vorgestern gab es eine Beschlusskonferenz. Nur ein Projekt kann in dieser Legislaturperiode bewilligt werden, ihres oder meines.

Am Montag lud ich sie ein, mein Seeländchen, sie ist sogar kleiner als ich. Ich fragte sie nach ihren Vorbereitungen, realen

Vorbedingungen wie Räume, Lehrkräfte für ihre VH Curricula – dagegen habe ich einen Gräzisten auf Lager mit allen notwendigen Qualifikationen, das imponierte ihr, ich stellte ihr mein Curriculum vor, sie wurde etwas kleinlaut, und als sie soweit war, empfahl ich ihr, erst einmal ihre Medienziele minutiös auszuarbeiten, sie meinte, ob das wirklich nötig sei, und ich beschwor es. Das schaffe sie nicht bis Mittwoch, ich stimmte zu. Wir nippten am Likör.

Tatsächlich kam sie nicht zur Sitzung. Der Vorsitzende fragte auffordernd in die Runde, wo das Projekt Seeland sei, immer im Rückenwind für sie, was Sympathien anging, und für manche Holzköpfe war mein Altgriechisch-Projekt nur ein elitärer Kram. Ihre Nicht-Anwesenheit wurde zu Protokoll genommen, jemand aus ihrer Gruppe votierte für eine Vertagung der Sitzung, mir fiel das Herz nicht aus der Hose, ich erwähnte etwas unterdrückt, aber hörbar, sie sei mit den Vorbereitungen zum Curriculum noch nicht ganz im Reinen. Der Vorsitzende begann die Sitzung, vielleicht käme Frau Seeland noch, er behielt das Votum zugunsten einer Vertagung im Kopf und fragte später noch einmal die Runde. Jetzt hatte man nur mit mir zu tun, ich war eingearbeitet in meine Papiere und legte eine Liste nach der anderen vor.

Protokolliert wurde anschließend: Frau Seeland fehlt ohne Entschuldigung. Es war wie ein Eintrag ins Klassenbuch. Es sieht günstig für mich aus.«

Dirk sah mühsam zu seiner ihm gegenübersitzenden Mutter, da sein Gipsbein wie immer längs der Tischkante ausgestreckt war und er den Oberkörper und Kopf angestrengt in der angemessenen Drehung halten musste.

Karin hatte angekündigt, sie werde am frühen Abend hinüber ins Haus der Kunst fahren. *Prachtvolle Keramik: attisch-rotfigurige Schalen und Kratere*, so die Ankündigung der kleinen Wanderausstellung zur griechischen Antike. Sie werde Prof. Koltermann treffen, der ihr und den Mitgliedern ihrer Förderungsgruppe außerhalb der regulären Öffnungszeiten eine

Sonderführung biete. Sie werde die Gelegenheit wahrnehmen, schon einmal inoffiziell die Haltung des Ministeriums mitzuteilen. Werner möge sie begleiten und Werner sagte zu.

Die Zeit verging, die Party zu dritt hier im Vater-und-Mutter Haus nahm ihren Fortgang und Dirk, der nicht einmal gefragt werden konnte, ob er mitgehen wolle, nahm vorweg, dass er behindert zurückbleibe, und dachte sich als kleine Rache aus, die Halb-Eltern nicht zu erinnern, falls sie den Aufbruch verpassten.

Karin schreckte hoch: »Wir müssen…!« Also hatte sie es in letzter Minute geschafft, Werner bestellte das Taxi und der Gelähmte saß am Tisch der »prachtvollen Köstlichkeiten in Schalen und Krateren«, allerdings wirr durcheinander, nicht museal geordnet. Karin versuchte noch einen Aufräumgang in die Küche, als der Taxifahrer klingelte. »Lass es liegen und stehen«, sagte sie. »Wenn du später wieder Hunger bekommst, ist alles da.«

Dirk überblickte seine »Wanderausstellung«. Vor ihm das geknitterte weiße Tischtuch und seine bekannten Exponate. Langsam, kaum beabsichtigt, ordnete er seine Ausstellungs- und Benutzungsobjekte, brachte die zuletzt geöffnete, weit drüben bei Werners Platz stehende Weinflasche mit über den Tisch gebeugter Brust zu sich, registrierte befriedigt den hohen Füllstand, versorgte sich wieder mit Brot, Schinken, verschiedener Wurst, Käse, Oliven und den türkischen Pasten. Allmählich entstand aus dem Objektchaos auf dem Tisch ein abgegrenzter Bereich für ihn, sein Territorium, sein Besitz. Allein der Toaster blieb im Außenbezirk, da sein Elektrokabel von der gegenüberliegenden Wand bereits vor der Tischmitte spannte. So erzeugte er sich, der Zurückgelassene und Beingelähmte, einen bequem überschaubaren, noch immer üppigen Imbiss for One, in dem er sich selbst Empfehlungen gab, zurückwies oder annahm. Der *Blanc de blancs* tat das Seine.

Es hätte so weitergehen können, sich freundlich an den Nahrungsquellen zu laben, besänftigt gegenüber den Widrigkeiten seines Gipsbeines und seinen augenblicklichen sozialen Folgen, wäre nicht »Das« gekommen, ein Anprall, ein Stoß. Es müsste jetzt gleich sein, sofort. Ohne Vorboten, ohne Erklärungen. Einfach Koitus, jetzt. So von sich und in sich bedrängt erreichen ihn Vorstellungen, das jetzt Nicht-Erreichbare heranzuholen. Dagmar könnte es sein, die ihn verschlungen hatte, aber das wäre Aufwand, kostete Reden, Bettelei oder Gewalt. Susanne würde vor solchem Sex zurückweichen, ebenso wie Fili in den prallen Cordhosen, die man in dieser wahnsinnigen Eile gar nicht aufknöpfen könnte. Doch hinüberstampfen in Werners Arbeitszimmer, der hatte es erlaubt, seinen Computer zu benutzen, also für ein elektronisches Spielchen? Er müsste eine Gespielin finden, die sich genauso brüstete und wiegte, wie es für ihn im Augenblick notwendig war. Er kannte seine Favoritinnen, die eine besondere, welche sich keck und fröhlich die schwere Hornbrille über das Gesicht schob, bevor es zur Sache ging, oder die Gequälte, deren Stirnfalten ihn zu süchtiger Teilnahme zwangen oder die heitere Sportlehrerin an der Stange, die sie missbrauchte.

Die Tür zu Werners Arbeitszimmer stand angelehnt offen. Gelegentlich warf er einen Blick hinein, blieb auf seinem Stuhl. Er trank, aß Brot. Das deutliche Kauen von harten Körnern, das Mahlen der festen, sich ihm einverleibenden Massen, seine Macht im Gaumen, sein entschiedenes Schlucken beruhigten ihn. Die alkoholische Befriedigung lähmte den Stoß, den Anprall. Solange seine Kiefer arbeiteten, war er gesichert.

Es durfte keine Verzögerungen geben, keine Unterbrechungen. Während er die Ciabattastange aufnahm und mit der anderen Hand das nächste Stück abbrach, griff sein Blick bereits in die Oliven, von denen er sich, sobald eine Hand frei war, mit spitzem Griff eine nahm. Noch mit dem mundinternen Abbeißen des Kernes befasst, schob er die Meerrettichschale näher zu sich und prüfte, ob eine ausreichende Menge Salamischeiben vorhanden sei. Was er sich gerade einverleibt hatte, besaß keine Dauer, verschwand, musste wiederholt werden, damit sein Wohlbefinden blieb. Gesättigt war er sicher und er werde jetzt aufhören. Aber gleichzeitig mit dieser Absicht setzte er seine Nahrungsaufnahme fort. Der Flüssigkeitsstand seines *Blanc de blancs* war gering und die Prüfung der schräggestellten Flasche enttäuschte ihn vollends. Sein Getränk hatte ihn verlassen.

Das ärgerte ihn. Er spürte einen anderen Stoß und Anprall als zuvor, ähnlich fordernd in der Auswirkung und unbedingt zu erledigen. Es war ein langer Weg entlang der Längskante des Tisches, dann auf der anderen Seite wieder bis zur Mitte zu kommen, von dort schräg hinüber zur Küchentür und weiter bis an die Fensterfront, zur linken Ecke. Im Flaschenbord des Kühlschranks eine Tüte Milch und Orangensaft. Er brauchte einen zweiten Blick, um sich das zu bestätigen. Gab es keine anderen Alkoholika in dieser geräumigen Küche? Er öffnete Schranktüren, zog hochgelegene Klappen auf, die laut zuschlugen. Ausdauer führte zu Erfolg. Er fand eine nicht angebrochene Flasche *Black and White*, steckte sie in die Hosentasche.

Wie viel davon? Nur fingerbreit in dem Wasserglas. Der letzte Schluck? Ja. Die Wärme des Getränks erfüllte ihn. Er trank und diesmal gelang die Verbindung der Substanzen mit dem Gefühl, nicht einsam zu sein. Im Gaumen und Gehirn befriedigt, machte er sich auf in sein Schlafzimmer. Im ersten Schritt noch blickte er zurück auf die Flasche, von der er sich gerade getrennt hatte und die vielleicht doch etwas von ihm erwartete, der Hund oder die Katze. Schon weggewendet, im Stehen, schenkte er sich noch einmal nach, kräftig, es ist nicht nur für ihn, für jemand anderen auch, der jetzt mit ihm trinkt, Freundinnen, die sich im Geiste vervielfachen, für Werner, für Astrid auch und die Mutter, selbst für Henry, auf den er eifersüchtig ist. Der letzte Schluck hält, was er versprach, befriedigte ihn und forderte nicht mehr. Er stapfte in sein Zimmer. Nicht hinfallen, seine letzte Verpflichtung, den Türrahmen erreichen, nicht hinfallen. Das Bett. Die letzten Wörter dieses Abends, mit gewisser Mühe gut artikuliert und in ansteigender Tonstärke gesprochen: »Jetzt höre ich auf und schlafe!«

Die beiden nächsten Wochen verbrachte Werner an seinem langen Zeichentisch über einem ausgerollten, aufgenagelten durchsichtigen Pergamentpapier, das bei genauem Hinsehen ein Millimeter-Raster durchscheinen ließ. Ihm zur Seite ein Arsenal hölzerner, verschieden farbiger kleiner Bausteine, die Tische, Stühle, Ablagen und Standorte für frei stehende elektronische Geräte darstellten und ihre absolut günstigste Position suchten. Dirk stand oft daneben. Was aussah wie ein überdimensionales Schiebespiel, durch dünne blaue und rote Linien verbunden, geradeaus oder um 90 Grad gedreht, einzeln oder im parallelen Verbund, die Elektroleitungen also, die Verbindungskabel, die Mehrfachanschlüsse, wurden zu einem schwer durchschaubaren Labyrinth dann, wenn Werner eine zweite und dritte Lage dieses durchsichtigen Pergaments darüber ausbreitete und nagelte: »So wird das aussehen müssen«, sagte er, »die Verbindung von Boden und Aufbau. Die Leitungen winden sich an feststehenden Stahlbeinen empor, werden von den Technikern mit Plastikröhren überzogen, damit kein Fußtritt oder Staubsauger sie beschädigt. So habe ich Hunderte von Anschlüssen gezaubert und versteckt. Ich freue mich auf Singapur, und du solltest sehen, wie es dort funktioniert.«

Dirk hatte ein anhaltendes Klingeln am frühen Morgen gehört, war wach geworden und sich an die Abmachung erinnert, Werner, der Schnellere, werde die Tür öffnen. Später staunte er: Im Salon stand eine meterhohe, bauchige Vase, aus dem sich ein überdimensionierter Strauß langstieliger gelber Rosen erhob. Beim Näherkommen erkannte man leuchtend rosa Streifen am äußeren Blattrand.

»Du kannst sie zählen«, meinte Werner.

Dirk verstand nicht.

»Es sind einhundertundvier. Heute ist sein 104. Geburtstag. Sie sind für ihn.«

Werner erklärte Dirk, mit welchem Aufwand sein Großvater, der U-Boot-Mann wie die Kinder ihn nannten, gelebt habe: »Zu Lebzeiten wogte ein Blumenmeer in seiner Wohnung. Nach seinem Tod erreichten uns hier die kleinen Gaben des Gedenkens bald seltener, heute dieses einzige Gebinde.«

Dirk blieb mürrisch, empfand sich in seinem Gipsbein behindert: »Ein Geburtstagsfreak also«, sagte er, »rührt mich nicht an.«

Werner, bedachtsam: »Für deine Mutter bedeuteten diese Ehrungen viel. Auch ihr habt daran teilgenommen, alle drei, und Ralf mochte es, militärisch zu grüßen und sich an die Spitze der Gratulationscour zu bringen, er, der größere, mit seinen vier Jahren Vorsprung vor dir. Du hast dich vorgedrängt, Astrid hielt dich zurück, du wolltest der Schnellste sein, alles im Sprung, auch damals, so wie du heute bist.«

»Das war so?«, fragte Dirk, der auf sein Gipsbein wies. »Außerdem weiß ich davon nichts. Ich fühlte nur Zwang, Bewunderungszwang, sage ich heute. Ich bin nicht sein Typ, habe nichts mit ihm zu schaffen.«

»Aber kennst du ihn denn?«

Weil Werner den ganzen Tag über anwesend war, ergab sich für Dirk die Chance, seine Familiengeschichte von einem Mitglied – zwar nicht biologischer Vater, doch väterlicher Daueronkel, der sich auch außerhalb der Familientradition bewegte – zu erfahren. Vieles war Dirk bekannt, dieses Mal wurde das Puzzle vollständiger als zuvor.

»Dein Großvater, Carl-Joachim, starb mit 98 Jahren, ein Jahr vor der Jahrtausendwende. Das war sein großes Anliegen, daran lebend teilzunehmen. ›Mit 100 Lebensjahren bin ich zufrieden‹, hatte er, krank und aufbegehrend, unwiderruflich betont. Gern hatte er in der Öffentlichkeit die Anrede mit seinem vermeintlichen Konsultitel gehört, deine Mutter gab manchmal anderen einen Hinweis. Mit 90 war er hellwach, beweglich, suchte nach Ehrungen, die er als zu selten und nicht als angemessene Würdigung empfand. Er errichtete eine Stiftung und verlieh afrikanische Altertümer an das Museum für westafrikanische Kunst. Auf seine Tochter, deine Mutter, hatte er schon früh die Hand gelegt, eine ›segnende‹, wie er sagte, aus sich segnend, ohne Anbindung an eine religiöse Gemeinschaft – fördernd und unterwerfend.

Als ihr Schulkinder wurdet, eines nach dem anderen, da war er um die 75 und verlangte nach euch, jeden Nachmittag, wenn es möglich war. Karin brachte euch hin und ihr kamt immer mit einem Geschenk zurück, einem kleinen Auto, einem Püppchen für Astrid – aber ich sah euch dabei mit langen Mäulern, die obendrein nach unten hingen. ›Der Opa redet mich kaputt‹, hatte Astrid gesagt und auch einmal: ›Er wedelte mit einem 10-DM-Schein über Dirks Kopf, lachte laut, schrie fast, das willst du wohl haben, dann hüpf' doch, du folgtest, er streckte sich höher: Siehst du, ich strecke mich höher als du, der du hüpfst, ich strecke mich nach der Decke und wer etwas haben will, muss es tun wie ich.‹«

»Muss so gewesen sein, ich erinnere mich nicht.«

»Als Rüdiger, euer Vater, bei dem Unfall in der Ostsee ertrunken war, hatte euer Großvater für euch und Karin absolut gesorgt. Sie hatte damals keinen Beruf und euch drei kleine Kinder. Er zahlte alles, einschließlich eures Internats und später das Studium. Ich war nur ein Bekannter und Freund deiner Mutter damals und spielte keine Rolle.

»Wo kam er her: Carl-Joachim Hallstadt?«

»Er stammte aus Kiel, einem Handelshaus, wie man damals sagte. Im Gymnasium dort, der Kieler Gelehrtenschule, gibt es alte Eintragungen, nicht hundertprozentig belegt, euer Großvater hatte es recherchieren lassen, dass um 1880 eine Reihe von ›Söhnen des Hauses‹ dort eingeschrieben war. Der Älteste wurde evangelischer Missionar und ging nach Westafrika. Angeblich lief er einer Halbschwarzen nach, sie bekam ein Kind, er gab es zu und wurde aus der Gemeinde ausgeschlossen. Seine Biografie versandete. Der zweitälteste Bruder folgte dorthin, blieb offensichtlich, wohl in Geschäften mit der deutschen Handelsflotte, und ein dritter Bruder, in Kiel verheiratet und auch im Warenhandel, zeugte mit einer Agnes 1898 deinen Großvater. Seine Jugend ist eng mit Afrika verbunden: Nach der Besitzergreifung eines Teils von Kamerun und der Erklärung zur deutschen Kolonie 1884 war ein Kaiser-Wilhelm-Boom ausgebrochen, der Handel florierte und deutsche Pflanzer, hauptsächlich wegen des Palmöls, ließen in großem Stil Buschgebiete roden und legten Plantagen an. So wurde der kleine Carl-Joachim mehrmals mitgenommen auf große Reise von Kiel bis nach Douala, der Hafenstadt. Bei Kriegsbeginn, 1914, war er 15 Jahre alt und hatte den dringendsten Wunsch, Soldat zu werden, Kolonist, Kokospflanzer und noch Missionar dazu. 1915 geriet er in den Krieg mit den Engländern und wurde 1916 mit allen Deutschen über die spanische Insel Fernando Po ausgewiesen. Er kehrte nach Kiel zurück, verlor zwei Schuljahre und machte das Abitur 1920. Er begann ein Ingenieursstudium, Schwerpunkt Maschinenbau und Antriebe. Im Keller unten«, verwies Werner, »liegen verschiedene Mappen mit altem Zeug, vielleicht sogar aus der Missionszeit. Wenn du wieder hinunter kannst, vielleicht interessieren sie dich.

In den zwanziger Jahren arbeitete Carl-Joachim in Kiel als Ingenieur im U-Boot-Bau, erwarb spezielle Kenntnisse in Peiltechnik, später in Torpedo-Antrieben. Er nahm oft an Probefahrten teil. Gegen Ende dieses Jahrzehnts lernte Carl-Joachim seine Clara kennen, klein, rundköpfig, still-energisch, wie ich sie im Alter kennenlernte, deine Großmutter. Unauffällig anwesend – bis auf die Ereignisse im Zweiten Weltkrieg, als deine Mutter 1943 zur Welt kam. Schon zur Hitlerzeit muss Carl-Joachim den Kontakt mit dem älteren Kamerun-Bruder wieder aufgenommen haben. Der hatte sich bei der Ausweisung der Deutschen 1916, gut zwanzigjährig, nach Spanien durchgeschlagen, war ins Militär eingetreten und hatte die spanische Staatsbürgerschaft erworben. Wer auch immer die europäischen Herren in Westafrika waren, die Kolonien brauchten Kolonisten, die Handelshäuser bauten ihre Flotten aus, das Geschäft mit den Colonialwaren blühte. Sogar deutsche Firmen investierten, bauten die aus ihrer Kolonialzeit begonnene Eisenbahnlinie nach der neuen Hauptstadt Jaunde unter englischer Verwaltung weiter. Dieser Carl-Heinz musste in das Palmölgeschäft eingestiegen sein, als das Kokosfett die Europäer zu nähren begann und das Nebenprodukt Seife einen enormen afrikanischen Markt bekam. Von diesem Bruder soll angeblich auch das Vermögen stammen, das dein Großvater nach dem Krieg wie plötzlich besaß.«

Dirk hatte schon oft von den U-Boot-Geschichten gehört, war dabei immer gereizt, da seit der Zeit, in der er mit den vom Großvater geschenkten Modell-U-Booten spielen durfte und musste, so viele Varianten im Umlauf waren. Auch Werner würde eine haben. Dirk wollte sie wissen.

»Sicher ist, dass dein Großvater ab 1942 mehrfach zu den U-Boot-Bunkern in Südfrankreich wegen neuer Techniken hinbeordert worden war. Ob er einen militärischen Dienstgrad wirklich hatte oder nicht, darüber gab es, soweit ich weiß, nach dem Krieg langjährige Prozesse über Versorgungsbezüge. Angeblich wurde sein U-Boot auf einer Feindfahrt von Wasserbomben leckgeschlagen, sodass Wasser in einige Lufttanks einströmte. Das U-Boot kippte zum Heck, sank und setzte in einer Tiefe auf Grund, in der ein Druck herrschte, für den die Außenhaut, die Stahlwände nicht konstruiert waren. Das Manometer zeigte Werte, nach denen das Boot jeden Augenblick eingedrückt zu werden, nach innen zu platzen drohte. Der Kommandant und dein Großvater – er aber bezog später die Leistung fast ausschließlich auf sich! – ließen in einer fast aussichtslosen Lage einige durch Splitter aufgerissene Stellen notdürftig verschließen und über Eimer von Hand zu Hand von den Matrosen Wasser zum Bug bringen und mit der noch möglichen Pumpkraft einige Tanks entfluten. Das Schiff richtete sich auf, hob sich, sie erreichten – schwer havariert – den sicheren Bunker. Sofort setzte eine riesige nationalpropagandistische Welle ein: von deutscher Stahlwand, von heroischen Leistungen, es gab Reden, Beförderungen, Orden, Heimaturlaub. Dein Großvater kam als letzter Sieger, könnte man sagen, nach Kiel zurück, traf dort wieder Clara, die mit deiner Mutter schwanger war.

Wenige Monate später trafen die Amerikaner ihn – in voller Uniform? – in Peenemünde, bei den Abschussrampen der V-Raketen, brachten ihn, nur Stunden vor den ebenfalls nach militärische Spezialisten für Raketenantrieb intensiv suchenden Russen, als Gefangenen, als wissenschaftliche Beute, in die USA.«

Misstrauen

Zurück von der Orthopädie, wieder ein Liegendtransport, war Dirk kritisch gestimmt. »Das mit der Mobilisierung wäre zu früh«, hatte Dr. Weisbrodt verkündet, während ihn der Pfleger bereits auf der Trage zum Gipszimmer hatte, wo das Fenster neu verschlossen wurde.

In der Vater-und-Mutter-Wohnung (er erlaubte sich inzwischen, sie als das Zuhause zu denken) mühte sich Dirk mit seinem Sitzarrangement am Schreibtisch. In den beiden letzten Wochen war er nicht vorangekommen mit den Auszügen zu den Entscheidungen des EuGH, blätterte eher missmutig in der dreibändigen Montesquieu-Ausgabe, die er sich wegen eines klugen Vorworts aus dem Institut entliehen hatte, und wartete auf den Termin des Doktorandenseminars, an dem er unbedingt teilnehmen wollte. Er besprach sich mit Fili, ob in seinem Honda der Beinraum des Beifahrersitzes bei maximalem Zurückschieben zur Lagerung seines Gipsbeins ausreiche. Sie hatte die Maße genommen und auch die Verengung beim Einstieg berücksichtigt. »Günstiger wäre es, wenn die Lehne des Sitzes nach hinten geklappt werden könnte, günstiger auch, wenn…« Dirk unterbrach sie: »Ich bekomme das hin. Auf keinen Fall darf es ein Liegendtransport werden.«

Er strich über das neue Fenster seines Gipses, weiß und hart, darunter zog es unangenehm, wohl die Folgen der Untersuchung, eindrücken, loslassen, die Kniescheibe auf Beweglichkeit testen, den Zeigefinger an dem vermuteten Verlauf der Bänder entlangführen. Die erinnerten Handgriffe des Chirurgen überlagerten den Gedanken an Montesquieu. »Gut, gut«, hatte sich Dr. Weisbrodt abschließend geäußert, »allenfalls« gäbe es eine kleine Nachoperation. War »allenfalls« nicht eine schlechte Vorhersage?

Er war allein. Werner war für eine weitere Woche noch einmal nach Lagos aufgebrochen. Fili kam mit frischer Wäsche und mit dem Handbuch zur Rechtsgeschichte des 18. Jahrhunderts aus seiner Penthouse-Wohnung. Das Knie schmerzte. Bänderschwäche, das war beim zweiten Krankenhausaufenthalt das Stichwort gewesen. Beim ersten war es eine Sehnenzerrung, im Krankenhaus ambulant ausgeführt, und beide Male war er mit Verbänden ohne Operation davongekommen. Erst nach dem Studium hatte es mit den seltsamen Unfällen auf den Treppen begonnen. Sicher, auch als Schüler war er nicht der Stärkste in den Gelenken, da gab es einen reinen Sportunfall beim Basketball. Er erinnerte sich, wie er sich bei einer der ersten Wanderungen mit seiner Freundin Susanne den rechten Fuß übertreten hatte und humpelte. Das gab es öfter. Auf Exkursionen trug er eine Kompressionsbinde.

Fili umgab ihn schnell und fast unhörbar, sah ihm für Augenblicke, ohne ihn zu stören, offen ins Gesicht. Ihre Nase verlangte von ihm weniger Beachtung. Heute, in Jeans gepresst, enger noch als ihre Cordhosen, hantierte sie um ihn herum, räumte auf, schob beiseite, trug weg, verstaute und brachte. Sein Blick, flüchtig und später gespannt, observierte ihren prall sitzenden Pullover, etwas gefiel ihm nicht, beunruhigte ihn. Ihre Brüste waren nicht als gesonderte zu erkennen, sie bildeten einen horizontalen Wulst, der, in sich bewegungslos, ihrem Oberkörper folgte.

Da war auch der Ärger über Georgios. Beim Abschied in der Ambulanz hatte der wohl einen Bekannten entdeckt oder doch nur einen Patienten wie er, der als nächster ins Behandlungszimmer gerufen wurde. Diesem anderen hatte Georgios den Arm ebenso leicht auf die Schulter gelegt wie mir. Ich dachte, das sei für mich, er möge mich, er hole nur mich mit dieser einladenden Geste aus dem Wartezimmer.

Dirk wartete, bis Fili gegangen war, um sich seinen Büchern zuzuwenden. Stattdessen hantierte er an seinem Gipsbein und griff nach dem Elfenbeinhändchen seiner Mutter, das in den leicht gekrümmten Fingerspitzen seinen Zweck sehr deutlich mitteilte. Es gelang ihm, bis weit unter den Gips zu kommen, zuletzt hielt er den verlängernden Stab so kurz am Ende, dass er drohte, hineinzurutschen. Er erschrak. Ich magere ab. Es gibt keinen Beweis, dass die Operation geglückt ist. Trotz der Aussage des Chirurgen, in zwei Wochen mit der Mobilisierung zu beginnen, wurde Dirk misstrauisch, Wörter tauchten in ihm auf wie sie vor der Operation gefallen waren: Bandruptur, Patellazertrümmerung, Faszienentnahme, Nekrose.

In diese beunruhigenden Wörter hinein, die sich rasch zu einer deutlichen Erinnerung verdichteten, kam ihm das Gespräch mit dem als Psychosomatiker bezeichneten Arzt in den Sinn, der während des Aufenthalts in der Klinik konsiliarisch zugezogen worden war, Pangratz mit Namen oder Pongratz. Die Unterscheidung gelang ihm nicht, als Jurist müsste er wissen, mit wem er es zu tun hat. Er entschied sich vorläufig für den Doppelnamen Pongratz-Pangratz, spürte nach, ob eine phonetische Erinnerung ihn zu dem richtigen Namen zog, erkannte das *non liquet* und blieb bei der doppelten Bezeichnung.

Der Arzt, ein ruhiger Riese, der mit der Spitze seines scharf gespitzten Bleistifts einzelne starre Haarenden seines Oberlippenbarts an ihren Rändern anstieß, reizte, unter Druck hielt, losließ, als ob sie als helfende Tastorgane die Gedanken zündeten, hatte Dirk nach dem Umfeld seiner Unfälle befragt, was ihm absonderlich vorkam. Denn es gab Sportunfälle und Zufallsunfälle, manchmal nur ein Umknicken im rechten Sprunggelenk. Das Hüpfen von den letzten Stufen der Treppe war eine Masche, ein bisschen jugendlicher Blödsinn, holla ich fliege!

»Immer etwas anderes«, hatte er dem Arzt als Ursache mitgeteilt, auch die Vermutung von der konstitutionellen Fußgelenkschwäche und dann, einen weiteren Schritt in die Vergangenheit, seine angebliche Überaktivität als Kind, sein An-alle-Ecken-Stoßen als zu schnelles Kleinkind, an die vielen Untersuchungen, ob die entstandenen blauen Flecken von einer gestörten Blutgerinnung herrühren könnten und, da blutchemisch verneint, ob es – das war später als Schulkind – eine Reizleitungsgeschwindigkeitsstörung der Nerven im rechten Bein sei, eine angeborene Verschiedenheit im Chemismus, eine links-rechts Anomalie. Auch das wurde ausgeschlossen. Seine Mutter hatte nicht locker gelassen: »Für jedes Vorkommnis gibt es eine Ursache.« Gentests gab es zu der damaligen Zeit nicht, sie würde sie heute empfehlen – und bezahlen, sinnierte er. Das ist wohl ihre Art von Liebe.

An dieser Stelle hatte der Psychosomatiker aufgelacht: »Toll, was in einem Gehirn so angeboren ist: Spezielle Schwäche im rechten Sprunggelenk, besonders beim Springen von Treppenstufen. Übrigens«, der Arzt zögerte, »fällt Ihnen etwas auf, was mit ›schnell, zu schnell‹ zu tun hat, Aufstoßen, Wasserlassen, Darmentleerung, Sex?«

»Nein«, sagte Dirk.

Dr. Pongratz-Pangratz war kein Mann der Ironie. Dirk hatte es auch nicht so grotesk aufgefasst, wie es geklungen hatte, wollte die intellektuelle Antwort geben, dass auch rätselhaft Unbekanntes zwar unwahrscheinlich, oft im Nachhinein erklärbar sei und dann überzeuge, fand sie aber in seiner Aufregung nicht.

Der Psychosomatiker musste wiederholt betont haben, nicht *das* Gehirn, sondern *er* habe das getan, gewollt, es sei in diesem Augenblick sein einziger und selbstbezogener Impuls gewesen. »Alles Sie. Sie tun sich das an!«

Dirk war bei seiner früheren Aussage geblieben: »Es war immer anders, es gibt keinen Zusammenhang«, und hatte mit einem gewissen Triumph in der Stimme erklärt: »Als ich vor drei oder vier Jahren mit den Treppen anfing, bin ich absichtlich gesprungen und nichts ist passiert. Warum dieses Mal?«

»So verstehen wir uns in Punkt eins: *Sie* sind gesprungen, nicht die Kombination von Hüftgelenk, Oberschenkel, Unterschenkel, Knie- und schließlich Fußgelenk – eine Verschwörung gegen Sie. Also, Sie springen gewöhnlich, federn gut ab,

Sie richten sich auf, lachen, gehen weiter, freuen sich über sich selbst. – Sie springen, Sie lachen!« Nach einer Weile: »Punkt zwei: Vielleicht haben Sie sonst wenig zu lachen?«

»Wieso?«

»Ich stelle Sie mir vor als Superschüler, beste Noten, erziehungsentsprechend brav und dann früh allein, allein gelassen, so sagten Sie, und das Rennen hat begonnen, an den Stuhlbeinen vorbei, über Türschwellen, nur weiter, schneller und jetzt, das verrückte Stufen-springen.«

In der Klinik hatte Dirk gesagt: »Was meinen Sie damit?« Doch in das Schweigen und Überlegen des Arztes hatte er eilig weitergesprochen: »Ich will das loswerden, sonst nichts!«

Später hatte der Psychosomatiker ihm Zusammenhänge erklärt, die Dirk offensichtlich sofort vergaß, obwohl er so gespannt auf den Arzt blickte, dessen Bleistiftspitze am Barthaar. Ein Wort war ihm von damals geblieben, Kollusion, und er hatte sich zuhause sicherheitshalber an sein lateinisch-deutsches Wörterbuch gewandt: *colludere* heißt spielen (mit jemandem), jedoch auch *unter einer Decke stecken* und drei Eintragungen später: *collusio*, geheimes Einverständnis.

Dirk versuchte, Einzelheiten des Gesprächs mit dem Psychosomatiker zu erinnern. Hatte er wirklich gesagt, die Unfälle würden sich wiederholen? Sein Beweis heute: ich im Gips. Ich hatte wohl darauf bestanden, ich wolle mein Springen, Fallen und Stolpern loswerden, »sonst nichts«.

»Was tun Sie dagegen?«

»Mich konzentrieren, es abtrainieren.«

»Es passiert trotzdem?«

»Ja. Gleichgewichtsstörungen, Fehltritte.«

Der Psychosomatiker: »Lassen Sie uns überlegen, was bei Ihren Überlegungen ›fehl‹ ist, falsch. Sie sagen, ich trainiere *es* ab. Meine Vorstellung ist dagegen, Sie trainieren *sich* ab.«

Das war nun wieder unlogisch und deshalb unverständlich. Dirk hatte geschwiegen, und der Psychosomatiker hatte wiederholt, ohne neue Argumente, wodurch nichts logischer wurde. In der Konzentration auf die in ihm gebliebene seltsame Geste des Psychosomatikers mit seinem Bleistift meinte Dirk jetzt, er höre noch einmal dessen klare, auffordernde Stimme: »Können Sie sich vorstellen, das so vielfältig Erscheinende habe eine einzige Ursache, besser: einen gemeinsamen Grund, dessen Wirkung Sie ausgeliefert sind, den sie befolgen müssen? Sie wollen *es* loswerden und werden *sich* dabei los. Ich betone: *Sie* sind es, der fällt, der fallen muss, weil Sie über sich beunruhigt sind, weil etwas nicht zu Ihnen gehört, eine Verpflichtung. Sie ist geheim, Ihnen nicht bewusst, eine Kollusion.«

Dirk hatte ihn nicht mehr angesehen. Dieses Wort von Verpflichtung, diese Verwechslungen von es und Sie verwirrten ihn auch heute, machten ihm Kopfdruck und blieben unlogisch wie immer. Dieser Pongratz-Pangratz, dieser Doppel-Typ, hatte noch einmal innegehalten und gefragt: »Wollen Sie diese Frage zu einem anderen Termin mit mir weiterführen?«

»Nein« hatte Dirk gesagt, wie aus der Pistole geschossen, laut und endgültig.

»Sind Sie jetzt böse auf mich?«, fragte der Psychomann.

Dirk hatte sich angestoßen gefühlt, konnte jedoch die Richtung nicht ausmachen, gegen die er sich hätte wehren können, blieb äußerlich beherrscht und wiederholte ein deutliches »Nein«.

Sehr im Nebenbei hatte Dirk seiner Mutter berichtet, ein Psycho-Doktor habe konsiliarisch mit ihm gesprochen und etwas von »Müssen« und »Verpflichtung« erwähnt. Karin hatte mit »Quatsch« geantwortet und etwas angehängt, was er akustisch nicht verstanden hatte, nur beobachtet, wie sie kurz aufgestampft hatte und irgendwie erregt gewesen war.

Dirk spürte eine Drohung. Sie ging von Dr. Weisbrodt aus, sicher, dessen optimistische, aber im Hintergrund wiederholte Mitteilungen über die Gefahren bei der Mobilisierung, den falschen Verknöcherungen, beunruhigten ihn. Da gab es die Mitteilung dieses Pangratz-Pongratz, der dann, so meinte Dirk jetzt, eine Verwünschung ausgesprochen hatte: »Wenn Sie bei dieser Verletzung einen Schaden erlitten hätten, eine kleine, nicht heilbare Folge, wären Sie das Springen los, weil Ihre Selbstschädigung real wäre und Sie entlasten würde.«

Er wird sofort Georgios anrufen. Er wird seine Mutter benachrichtigen. Nein, die nicht. Aber seine Schwester Astrid, die der Psychologie verfallen ist, wie Karin es abschätzig bezeichnet hatte. Stattdessen stand er auf, nahm die Krücke, humpelte langsam beide Längen des Tisches entlang, es fühlt sich wie Herzrasen an, konstatierte er, oder hoher Blutdruck. Er spürte die sexuelle Erregung. Sie ist ihm bekannt, sie klingt ab, er ist kein Sex-addict, auch wenn es Erlebnisse à la Dagmar gibt, von ihr, die »noch drei Jahre lang schöner wird«, die nicht wiederholten Szenen. Es ging nicht gut für ihn aus. Überhaupt geht es nicht gut mit ihm aus. Um innere Sicherheit wiederzuerlangen, stapfte er eine weitere Runde um den Tisch, jetzt in umgekehrter Richtung, sodass er sich ohne Krücke rechts an der Tischkante abstützte und mit dem linken Bein größere Schritte versuchte. Die Unruhe blieb, er fühlte sich von innen aufgefordert und bedrängt, unsicher, der anschließende Gang auf die Toilette erleichterte nur die Blase. Wieder am Tisch, setzte er sich, brachte das Gipsbein auf den Hocker in die Waagerechte, was die Druckverhältnisse angenehm änderte. Dirk vor seinen Büchern. Vor ihm der aufgeschlagene Bibliotheksband von Jeremy Bentham. Lesen? Dirk spürte, wie seine Überlegungen über den Psychosomatiker nicht abgeschlossen sind. Wie dieser ihm nicht geholfen hat, ihn im Gegenteil verwünscht hat mit dem Wort »Selbstschädigung« und »dann haben Sie es los«.

Dirk meinte, er räche sich an diesem Schwätzer. Also, wenn er es so haben will, dann soll es so sein. Also, mein Bein bleibt steif, ich verwende eine Krücke. Ich komme schlecht in Autos und Flugzeuge, aber ich bin bekannt, Leute kommen zu mir, dem Experten, Professor Haubach für Wettbewerbsrecht. Karin lässt mich in Ruhe, der arme Kerl, mag sie denken. Eine Frau findet sich über Vermittlung, sie unterstützt mich, hält mir den

Rücken frei. Kinder mag es geben und alle sagen: »... ein Mann kommt auch mit Stock gut durchs Leben, wenn er gut ist.« Das ist die Lösung: Ich werde einer, der behindert ist! Hat er das damit gemeint?

Der Anblick Filis, die mit Einkäufen gekommen war und sofort in der Küche verschwand, unterbrach seine Fantasie. Ohne Umschweife, doch ohne Stimme, richtete er seinen Unmut auf sie. Brüste werden nicht zu einem Wulst gepresst, sie sollen einzeln erkennbar sein, um sie, wenn ich es will, zu umfassen, zu streicheln oder zu pressen, einzeln, oder auch beide zugleich. Die Nase braucht einen Höcker und nicht ein stumpfes Ende. Sie sollte sich ein wenig zur Oberlippe senken, sonst ist sie nicht orientalisch genug. Hatte nicht Henry gesagt, alle Griechen heute seien Türken? Dirk wollte nicht sprechen, er fürchtete eine falsche Auseinandersetzung mit Fili, empfand aber das unaufhaltsame Bedürfnis zu sprechen, Missstände aufzudecken, absolut richtige Vorschläge zu machen und auf seinen Verstand zu pochen. Dirk griff nach seiner Telefonliste. Astrid müsste er erreichen, sich bei ihr beklagen. Als er den Hörer des Schnurtelefons aufgehoben hatte, begegnete ihm Fili aus der Küche. Offensichtlich hatte sie seine Spannung gefühlt und fragt: »Was ist?«

Panik und Wut

Träume – sicher wieder Unsinn, Bruchstücke erreichen ihn. Wach geworden versucht er, sie in einen Zusammenhang zu bringen. Mein weißes Bein, wenn ich es nach vorne richte, eine unzerbrechliche Lanze. Der Pfleger, »damit können Sie aus dem zweiten Stock…« Das Bild zerfällt in Teile. Das Bein ist amputiert, ganz hoch im Schenkel wie bei dem U-Boot-Mann, kein Stumpf mehr, um eine Prothese anzuschnallen. Dirk beruhigt sich, bis ihn die zweite Welle überstürzt. Studenten reden über ihn. Kennen sie den neuen Prof für Wettbewerb? Den mit dem Stock oder den im Rollstuhl? Dirk reißt sich aus den Bildern, gewinnt Wachheit, die sofort wieder kippt: Niemand soll mich unterschätzen, ich, Spitzensportler im Hochsprung. Ich mit der Stahlfeder, sie springt, sie sprengt mich in die Luft.

Gut, dass Fili später kommt. Ich bleibe im Bett. Nein, ich stampfe mit dem Gipsbein hinauf zu meinem Kinderzimmer. Ich kann nicht fallen, wenn ich nicht will! Er blickt die breite Treppe hinauf zum ersten Stock und verzichtet.

Später, die chaotischen Vorstellungen hatten sich zurückgezogen, richtete sich sein Blick wieder auf sein Bein, das Knie, tastete die Furche ab, an der das Fenster eingesetzt ist. Aufkratzen, aufpopeln, es mit einem Messer versuchen? Zu hart! Werners betagtes Schnurtelefon stand auf dem Arbeitstisch bei den Büchern und Heften, Dirks eigenes Adressbuch daneben, er griff zum Hörer, das weiße massive Teil, es lag gut in der Hand und unterdrückte das Zittern. Beim Wählen der Zahlen hielt er die Luft an, hörte dem Radeln der Wählscheibe zu.

Er rief »alle« an, unbesonnen und verzweifelt. Wenn sich der Anrufbeantworter einschaltete, hängte er mitten in der einladenden Ansage auf. Er erreichte Karin, also die Mutter. Sie war in einer Schulkonferenz, unterbrach ihn sofort, als sie das Wort ›Gips‹ gehört hatte. »Mach' keine Faxen!« Dirk konnte sich aufbauen, fast sekundenlang schweigen, dann hatte er die Power: »Ich schmeiße alles hin, ich werde ein Kranker! Faxen? Nur noch Faxen!« Georgios riet, in die Ambulanz zu kommen. »Hast du Schmerzen?« – »Nein.« – »Also, der Chef wird dir nie und nimmer den Gips vorzeitig abnehmen lassen.« – »Ich suche mir einen anderen Orthopäden!« – »Bist du verrückt?« – »Nein, aber bald.« Bei Astrid auch der Anrufbeantworter. Sie wird an ihrem Job sein, dachte er, er wusste nicht genau welcher und nur: Reha-Klinik oder hat sie mit ihrer eigener Praxis begonnen? Es gelang ihm, über mehrere durchaus angepasste Bitte-Wörter seinen Dissertationsprofessor privat zu erreichen. Er wolle doch in sein Seminar kommen, heute, mit Gips. »Haben Sie inzwischen einen Gehgips?« – »Nein, ich bestelle einen Krankenwagen.« – »Wie?« Vermutlich bat Dirk um Entschuldigung und hängte ein.

Sekunden später hatte er sich erholt, weitere Sekunden später trieb seine Wut ihn weiter. Den Psychomann kriege ich auch, den Pangratz und Pongratz mit den doppeldeutigen Sätzen! Er erreichte noch einmal Georgios, der ihn abwies: »Dr. Pongratz ist kein Notarzt. Du kannst über mich oder sein Sekretariat einen Termin ausmachen, vielleicht wenn du zur nächsten Hauptuntersuchung kommst.«

»Ich bin ein Notfall!«, hatte Dirk geschrien und eingehängt. Zu seiner Überraschung hatte er, durch seine Wut hindurch, die Nummer des innerklinischen Anschlusses des Sekretariats behalten, eine dreistellige Zahl.

»Nein, das ist nicht möglich«, sagte die Dame, und Dirk, hellsichtig oder nicht, hörte, während er protestierte und verlangte, im Hintergrund eine männliche Stimme, bis nach kurzer Pause ein ruhiges: »Dr. Pongratz« ertönte. »Sind Sie der Patient mit der Knieoperation?« Da war Dirk ihm nun Kopf an Kopf gegenüber, so nah wollte er ihn gar nicht haben.

Dirk überlegte. Was sagst du ihm? Was weiß er nicht? Was soll er tun? Anstatt zu sprechen, spürte Dirk, dass er schwieg.

»Sie möchten einen Termin?«

»Nein, ja, der Gips muss weg, muss weg… Ich muss aus dem Gips, niemand nimmt ihn mir ab. Meine Mutter meint, ich sei verrückt, deswegen. Ich mache Faxen, ja!«

»Ist Dr. Karidis nicht erreichbar oder ihr Hausarzt?« Auf Dirks undeutliche Antwort, die Dr. Weisbrodt und Dr. Schiller benannte, hörte er, dass er dort Kontakt aufnehmen solle, was er, wieder bei Sinnen, sofort bejahte. »Wenn Sie Zeit zum Nachdenken brauchen, ist meine Abteilung hier für Sie zuständig. Wenn Sie keinen Gehgips haben, bleiben Sie ein paar Tage stationär.«

Ernüchtert beendete Dirk höflich das Gespräch.

Was jetzt? Er blätterte in seinem Adressheft: Susanne. Susanne Beinhorn, seine langjährige Freundin. Frank fällt ihm ein, ihr anderer Freund, es kränkt ihn noch immer, der sei so anders als er, »nicht so dominant wie du«, das war das Wort. Dominant. Ich?

Weiter? Noch einmal Georgios, er, Dirk wisse überhaupt nicht, wie er Fili von sich aus erreichen könne. Fili sei in der Uni und übe Extraktionshandgriffe am Phantom. Sie möge zurückrufen, sofort. Er korrigierte sich: »Nein, es hat Zeit bis zum Nachmittag.« – Susanne blieb in seinem Bewusstsein, er hätte nicht hinnehmen sollen, dass sie sich von ihm trennte.

Fili fand ihn am Nachmittag, korrekt gekleidet und ordentlich, über seinen Büchern. Sie musste von Georgios etwas erfahren haben, fragte vorsichtig: »Wieder gut?«

Werner ist zurück aus Lagos, Dirk hatte ihn erwartet. Auf das Klingeln erhob er sich vom Schreibtisch, griff nach der Krücke. Werner hatte bereits mit dem Schlüssel geöffnet, sah, wie Dirk ihm mühsam entgegenkam. Dennoch sagte er mit aufmunternder Geste: »Selbst mit der Krücke machst du Fortschritte.«

»Humpeln bleibt humpeln.«

Einander gegenüber, über Dirks flachen Bücherberg hinweg, spürte Werner Dirks Unruhe und Missbefinden. »Was ist?«

Dirk antwortete sofort. In diesem ersten Satz wurde seine Bedrängnis deutlich: »Ich komme nicht mehr davon los!«

»Wovon?«

»Von diesem Gips. Er lähmt mich, macht mich hilflos. Ich will nicht, dass man mich humpeln sieht.«

»Wie lange noch?«

»Zwei Wochen und drei Tage. Dann Gehgips, Mobilisierung, wenn alles gut geht.«

Werner reckte den Oberkörper zu ihm hinüber, seine Augen auf Dirk gerichtet. Sein Kinn reichte weiter, Dirk spürte die Nähe.

»Immerhin kannst du die Tage zählen. Immerhin hast du den Gips schneller weg als ich meine Zahnimplantate drin. Du darfst mir eigentlich nicht beim Essen zuschauen, ich sollte in die Küche. Wir wissen, wie es heute um uns steht. Wir sind zwei Behinderte. Wir schämen uns nicht.«

Also darf Dirk zuschauen, wie Werner sein Reis-mit-Lamm-Gulasch mit der Zunge dirigiert, größere Fleischstücke nach links zwischen die verbliebenen Zähne beordert, das Ganze mental überprüft, bevor er den Unterkiefer beauftragt.

Beide gesättigt und Dirk halbwegs bequem auf Stuhl und Hocker platziert, waren Implantate und Gips vorübergehend vergessen, begann Dirk mit seiner Klage: »Meine Mutter lässt mich nicht in Ruhe. Ich sagte ihr, der neue Termin für die Assessorprüfung ist nicht vor vier Monaten zu erwarten. Wir stritten uns. Sie: ›Du hast ein halbes Jahr verloren.‹ Ich: ›Dafür habe ich die Dissertation weitergeschrieben.‹ Sie: ›Das hättest du ohnehin getan.‹«

»Also schätzt sie dich hoch ein.«

»Das hat mir Georgios auch gesagt, aber praktisch ist sie unzufrieden, anerkennt nichts. Ihr letzter Satz, immer wieder, tausendmal: ›Du machst nichts aus dir!‹«

Werner zog sein Kinn, den Kopf, seinen Oberkörper zurück, etwas davon ging auch ihn an: »Karin hat gekämpft und gelitten, das wissen wir, sie kann nicht ertragen, wenn jemand nicht kämpft wie sie. Dann muss sie ihn antreiben. Jetzt, da sie die Erweiterung ihres Gymnasiums – ich nenne das so – durchgesetzt hat, Jahre hat sie sich hineingekniet in den politischen Kram und Kleinkram, jetzt mag sie sich erleichtert fühlen und das Ganze lässt nach.«

»Das glaube ich nicht. Die Sache mit Grossmann & Meyer, wo jetzt das Kapital ist und wo ich hin soll, lässt mir keine Ruhe. Ich habe studiert und arbeite seit drei Jahren als Referendar. Was soll ich tun?«

»Nichts tun. *Deine* Sachen weiterbetreiben, nur die. Karin hat bei aller Unruhe auch ihr Gleichgewicht, mit sich und mit mir. Astrid und du, ihr seid jung, sucht euch euer Feld. Du bist so gut wie fertig mit den Ausbildungen.«

»Aber mein Fallen, Hinfallen? Es war jetzt das dritte Mal mit Krankenhaus und nach allen Vorläufern und jetzt hat mir ein Arzt, ein Psychosomatiker erklärt, er könne sich vorstellen, erst wenn ich einen Schaden hätte, der bleibt, vielleicht sichtbar, vielleicht würde ich hinken, ich weiß es nicht mehr genau, dann müsste ich nicht mehr ankämpfen.«

»Das kann ich mir nicht vorstellen«, sagte Werner. »Es hat sich jetzt mehrfach wiederholt, ist schlimmer geworden, das ist richtig. So sind Zufälle, sie steigern sich manchmal, dann meint man, sie erzeugen Sinn. Dann hören sie wieder auf. Ich denke, das war jetzt der Höhepunkt, das lässt nach und verschwindet, wenn du Geduld hast.«

»Aber mit mir ist es schlimmer geworden, alle diese Wochen über. Es staut sich an, ich hänge darin fest. Das sind nicht nur die Operation und der Gips. Ich muss es anders versuchen, und ich werde mit Karin reden müssen, bis es Krach gibt, bis über den Krach.«

Später berichtete Werner über die Folgen der Plünderung der gerade fertiggestellten Büroanlagen im Aluminiumwerk bei Lagos, Dirk wieder der interessierte Zuhörer. Zuletzt hatte Werner, einen verzweifelten Ton in Dirks Sprechen noch gegenwärtig, gesagt: »Wenn du es mit deiner Mutter unbedingt aufnehmen willst, versuche es. Astrid magst du anzapfen, sie hat vieles im Kopf.«

Der letzte Liegendtransport in die Orthopädische Klinik. Dr. Weisbrodt ließ die Gipsröhre über dem Knie aufsägen und hinter dem Kniegelenk ein Scharnier einbauen, das mit einem seitlich angebrachten Griff, einer Handbremse ähnlich, festgestellt und geöffnet wird. »Ich lasse Ihnen den Mobilisator nach Hause schicken, das erspart Ihnen Zeit.« Das Gerät, so Georgios, sei seine Erfindung. »Noch nicht patentiert«, hatte Dr. Weisbrodt zu Dirk gesagt, »ich brauche noch Fälle für die Dokumentation. Sie tragen die Daten sorgfältig ein, kostet Zeit, ist dafür aber gratis. Einverstanden?« Der Pfleger hatte hinzugefügt: »Mit dem Stollen unten am Gips können Sie jetzt auftreten. Aber Vorsicht bei Stufen.«

Der Mobilisator sah aus wie ein Heimtrainer mit Sitz und Haltestange. Statt der Tretpedale jedoch eine waagerechte Schiene, auf der das Übungsbein leicht angeschnallt liegt. Die am Fußende angebrachte Skala misst die Bewegungshöhe in Winkelgraden. »Mit der Kraft des Unterschenkels herunterdrücken und loslassen, aufhören, wenn es schmerzt. Die Steigerungstabelle lege ich Ihnen bei. Also, acht Mal am Tag, drei Minuten lang, brav protokollieren, das Wichtigste.«

Dirk, etwas hilflos vor dem ihm vorgestellten raumgreifenden schwarzen Gerät, unruhig gestimmt, wollte den Chirurgen berichtigen: »… für Sie wohl das Wichtigste«, unterließ es aber und humpelte mit Krücke und Gehgips hinter dem Transportpfleger her. Er blickte an sich herab und sah als Unterschied nur, dass seine Zehen jetzt ebenfalls zugegipst waren.

So hatte sich Dirks Bücher- und Esstisch durch den Kniegelenktrainer verlängert, er und seine Maschine funktionierten, die Beugefähigkeit liegt heute bei 15 Grad. Nach Absolvierung der Pflichtzahl reizte es ihn, bis an die Schmerzgrenze zu kommen, sich zu zwingen, sie zu erfahren. Wenn Werner zusah, Dirks schmalen verbissenen Mund in dem angespannt gesenkten Kopf, pfiff er Dirk zurück: »Nicht auf Marathon trainieren, bitte.«

Dirk löste das Bein von der Beugeschiene, stand auf, die Sicherheitshaken arretierten die beiden gipsernen Röhren. Werner kam auf seinen 65. Geburtstag zu sprechen, seine Verabschiedung bei *United Steel*, die Konzernleitung habe Vorschläge für einen kleinen Kongress erbeten, wie man das nannte, und er, Dirk, könne ihn begleiten: »Du wirst doch etwas Spannendes für die Wirtschaftsleute bringen, über Wettbewerb, lauteren und unlauteren und die Theorie.«

»Juristisch sieht das nicht so spannend aus.«

»Du hast doch auf euren Kongressen schon gesprochen…«

»Dort sind es ganz spezielle Themen, etwa Kommentare zu EuGH-Entscheidungen oder Wettbewerbsverstößen innerhalb der EU.«

»Überleg' es dir. Immerhin ein kleiner Auftrag von mir.« Werner hielt in einer kurzen Überlegung inne, äußerte unverständlich etwas über Monate und Wochen, entschied sich dann: »Das ist im Herbst, aber die Einladungen müssen gedruckt werden. Sie wollen die Abstracts haben, nur acht Zeilen, also Dirk, sicherlich recht bald.«

Astrid hatte zurückgerufen, gratulierte zum Gehgips, ermutigte ihn zu üben und sagte gegen Schluss des Gesprächs: »Du hörst dich viel sicherer an als sonst, nicht das alte Lied, und wenn es dich wirklich gepackt hat mit Mutter, dann« – sie lachte – »auf in den Kampf! Aber Vorsicht, Didi, warte, bis du sicher gehen und stehen kannst. Sonst wirft sie dich um. Mit Halbversehrten ist sie grausam, das habe ich zu spüren bekommen.«

Kinderzimmer

Dirk stand am Fuß der Treppe und blickte hoch. Vom oberen Stockwerk führten die Stufen und das Geländer zunächst gerade nach unten und endeten in einer weiten Drehung im Parterre. Er betrachtete den massiven hölzernen Handlauf mit der glatten Höhlung, die dem Daumen Sicherheit bot. Dort war Astrid als Kind jeden Morgen rückwärts heruntergerutscht, Bauch und Hände fest am Geländer, die Beine hingen tief hinab. Ich durfte es nicht.

»Du fällst.«

»Ich falle nicht.«

»Wenn du fällst, brichst du dir alle Knochen.«

»Dann leg doch Kissen unten hin…«

»Woher soll ich?«

»Die Polster von der Ledercouch, die kann man abnehmen.«

»Bist du verrückt?«

Astrid war dabei gestanden und hatte gejauchzt: »Wenn Polster unten liegen, kann ich springen!«

Damals bereits gab es das Argument seiner Mutter: »Du hast genug blaue Flecken!«

»Die kommen vom Rumlaufen, nicht vom Fallen.«

»Vom Anstoßen, deine Rumrennerei macht mich bald krank.«

»Mir tut nichts weh.«

Also Astrid konnte und durfte, blitzschnell war sie drunten.

Ralf, vier Jahre älter als er, fand das Rutschen und Hüpfen nur blöd.

Dirk wollte hinauf in sein Kinderzimmer. Er hielt die rechte Hand am Geländer und hob das gegipste Bein, das in der leichten Beugung zwar steif, aber dadurch verkürzt war, aus der

Hüfte, bis er die nächste Stufe erreicht hatte. Er setzte es ab und zog den Körper nach.

So sah es auch damals aus, der lange Flur, von dem die drei Kinderzimmer und eine Besenkammer ausgingen, am Ende das Bad, durch dessen Tür mit dem geriffelten Glas Tageslicht einfiel. Die vorletzte Tür stand einen Spalt offen, Dirk schob sich ohne Krücke voran, warf einen flüchtigen Blick hinein und blieb überrascht stehen: Ralfs Zimmer ausgeräumt, entsorgt! Ein untadeliges Gästezimmer jetzt, Bettwäsche am Fußende gestapelt, Stuhl, Schrank, eine langhalsige grüne Vase – frisch tapeziert in gebrochenem Weiß. Dort war ein Poster des frühen Picasso, *Die Gaukler*, reproduziert in Originalgröße mit über zwei Meter Seitenlänge angepinnt gewesen, die Knickstreifen beim Ausfalten aus der nur heftgroßen Packung nie glatt gestrichen, vom Gewicht verzogen, eingerissen und mit durchsichtigem Klebeband geflickt. Heute die leere Wand, nicht einmal ein kleines Bord für Bücher in diesem Zimmer, als ob es hier keine Bücher gegeben habe oder geben werde, weder für Ralf noch für irgendjemand. Anders bei Astrid: Da waren die von Indianerinnen geknoteten groben Wandbehängen geblieben, schmalen Teppichen gleich, sie hatte sich weiche Wände geschaffen. Sie sollten Sprüche oder Weissagungen vermitteln, sagte sie damals. Dirk war nicht interessiert. Auf der kleinen Kommode reflektierte das Glas über einem gerahmten Bild. Er trat näher. Es ist das Foto Ralfs im Fliegerdress, Silberrahmen, in der oberen rechten Ecke ein schwarzes Trauerband. Er berührte es nicht. Dort wenigstens gab es eine Erinnerung an Ralf.

Sie wohnten da – und haben sich immer verpasst. Sicher, ihr Altersabstand, Ralf in der Schule, als Dirk erst zwei Jahre alt war und in einer Ausbuchtung des Elternschlafzimmers sein Kinderbett hatte. Als Dirk in die Schule kam, war Astrid in der dritten Klasse.

Sein Zimmer endlich, erhalten, nicht renoviert. Dort, sein alter, schwarzer, dünnbeiniger Drehsessel! Wie hatte er für ihn gekämpft und wollte ihn unbedingt ins Internat mitnehmen.

Er setzte sich sehr vorsichtig hinein, die Rollen sind an Kugelgelenken angebracht, er konnte sich damals mit ganz leichtem Abstoßen überallhin gleiten lassen. Er übte es jetzt mit dem linken Fuß, es gelang, er schwebte, wenn nur das eingegipste Bein nicht wäre, das, vorangestreckt, überall anzustoßen drohte.

Die zurückgebliebenen Bücher. Das Monstrum zwischen ihnen, kiloschwer: Der illustrierte *Brehm,* in durchsichtiger dicker, noch immer sperriger Folie, selbst eingeschlagen, zum Lesen auf den Knien abgestützt, im Bett auf dem Bauch gelagert. Dicht gefolgt von *The Family Marc Twain,* ebenfalls zu schwer fürs Internatsgepäck. Es gab Zeiten, die sich ihm nur im Bett genähert hatten, glänzend, mutig, erobernd: *Die drei Musketiere.* Schräg auf dem Bord die Kinderbücher, eine lange Reihe: *Mit dem Hund auf Du. Die große Elefanten-Olympiade.* Erich Kästner: *Die Konferenz der Tiere.* Ein Blick auf den dicken Stapel zerfledderter Asterix- und Obelix-Hefte löste ein Lächeln aus: So war es richtig, das taten die beiden, so sollte die Welt sein! Dirks Auge streifte einen Leineneinband, gelblich verblasster Rücken, der Titel eine verwischte, unlesbare, aus der Prägung ausgeschliffene Schrift. Er zog ihn hervor, es war die Bibliotheksausleihe von einem Mitschüler gewesen und endete als Diebstahl auf Dirks Bücherbrett: *Der Traum der roten Kammer.* Gelegentlich mitnehmen, sagte er sich.

Im oberen Regal die Reste seine Sandsammlung: Ostsee, Mallorca, Kroatien, Rimini, Sylt. Erst nach dem Dagmar-Ereignis von Cinque Terre hatte er aufgehört, von jedem Ferienstrand eine Sandprobe zu nehmen und in weißen Apothekenflaschen mit Korken verstöpselt zu verwahren. Immer hatte er gesammelt, Streichholzschachteln, Werbebildchen, Kastanien und Knöpfe, Muscheln und geäderte Steine, vergessen und heute ohne eine Spur. Damals seine Wut, wenn sie plötzlich weg waren und seine Mutter sagte, sie habe sie weggeworfen, weil sie auf das Bett gefallen waren, auf den Boden, man hätte stolpern und fallen können. »Außerdem fangen sie Staub.«

An den Wänden ein Porträt von ihm, das Astrid mit zehn Jahren mit Fettkreiden gemalt hatte: grelle dicke Striche, die sich überkreuzten, hin- und herzuckten. Wenn er sich anstrengte, konnte er aus großer Entfernung ein Gesicht erkennen, irgendeines. Damals malte Astrid unaufhörlich.

Auf dem höchsten Regalbrett natürlich das U-Boot, das Modell, fast zwei Meter lang, das seinem Großvater zum 90. Geburtstag von »Freunden und Kameraden« überreicht worden war. Mitgenommen von Karin stand es sowohl anlässlich der Festtafel auf einem eigens mit Tannenzweigen geschmückten Tisch und dann noch einmal bei der Singerei im Großen Saal der Werft, bevor der Großvater zu der Ehrentauchfahrt die Pier hinabstieg. Astrid, 17-jährig, in der Oberstufe des Gymnasiums, hatte den Rummel »abartig« genannt, richtig, das war ihr Wort damals. Er musste mit, in Anzug und Krawatte, Astrid im Kleid, Ralf in seinem Fliegerdress. Damals war Ralf 23 Jahre alt und hatte gerade das Patent, auf Privatflugzeugen Passagiere zu befördern, erhalten. Das Theater darum: Stolz und Anspruch des Großvaters, von seinem Enkel persönlich zu dem Werksflughafen geflogen zu werden. Aber Ralfs Lizenz war erst die eines Kopiloten und deswegen musste eine zweimotorige Beachcraft mit Erstem Pilot gechartert werden. Angeblich hatte er, Dipl.-Ing. Carl-Joachim Hallstadt, der Honorarkonsul, der »Jubilar« genannt, das nicht erfahren. Da es vier Plätze in der Maschine gab, also der Jubilar, seine Tochter Karin, ein »alter Kamerad« und wer sonst? Dirk erinnerte sich an das Gezänk. Schließlich war es Astrid, die mitfliegen durfte.

Dirk hatte das Ding nicht haben wollen, das schwarze, plumpe, langgezogene Ei. Von außen glatt und langweilig, auch der Turm nur ein stumpfer Auswuchs. Karin hatte hingewiesen, wie maßstabsgerecht und wertvoll das Boot ausgeführt sei, sogar das Sehrohr könne man ausfahren und drehen. Im mittleren Teil war die Stahlwand ausgeschnitten und erlaubte einen Blick ins Innere, die Boxen für die Torpedos, die Pumpanlagen, Öltanks, Schwimmkörper, auch eine Treppe zu den oberen Mannschaftsräumen, ein schmaler Gang mit winzigem Mobiliar, die Kombüse. Unrühmlich war das Ding über zwei eigens angefertigten hohlbäuchigen Stützen auf einem Fichtenbrett gestrandet.

Die Sonnenmühle stand still. Dirk nahm den Sockel des Glases vorsichtig in die Hand, schüttelte leicht, die Flügel zitterten und drehten sich nicht. Er näherte sich dem Fenster, hielt das Objekt dagegen. Seine Licht fangenden Flächen blieben unbewegt, gaben keinen Rückstoß. Ich dachte, bei Sonne laufen sie ewig. Auch in Geschäften sieht man sie nicht mehr, schade.

Sein Blick fiel auf eine schmale Reihe hochgestellter Leitz-Ordner, die Rücken beschriftet: Zeugnisse, Atteste, Gutachten. Einer unter ihnen: Lufthansa/Ralf. Ein umfangreicher Ordner über Ralf, davon wusste er nichts. Er blätterte, las, fuhr in zunehmend unregelmäßigeren Runden in seinem rollenbesetzten Drehstuhl, stieß mit dem Gipsbein an. Es war die Geschichte von Ralfs genetischer Erkrankung. Dirk rief sich zur Ordnung, studieren, nicht überfliegen!

Den aufgeschlagenen Ordner auf dem Schoß spürte er, wie die unbeabsichtigte leichte Bewegung der Rollen und seine Aufregung sich auf seinen Körper übertrugen, seine Hände unsicher wurden, die Finger zittrig. Das hatte er wirklich nicht gewusst. Sein Blick hielt an dem Bild an der gegenüberliegenden Wand fest, ein farbiger Druck von Paul Klee, mit würfelförmigen Flächen, scharfen Linien, »mein Ausruhbild«, hatte er es früher genannt. Er vergewisserte sich, dass die Felder vor seinen Augen unbeweglich standen, die Farben in ihre Felder gebannt.

Der Sachverhalt: Ralf, fast fünf Jahre älter als Dirk, ein Bruder, der auch zuhause immer woanders war als er, hatte sich nach dem Abitur bei der Lufthansa für eine Pilotenausbildung beworben, die mit einem Fachhochschulstudium des Ingenieurwesens verbunden ist. Das wussten sie alle. Bei den Gesundheitschecks jedoch war bei Ralf ein erheblich erhöhter Cholesterinspiegel diagnostiziert worden, der abzuklären sei. Es folgten mehrere fachärztliche Beurteilungen: Ultraschalluntersuchungen der großen Blutgefäße, Venenkatheter zur Erkundung der Herzkranzadern, die Suche nach Lipidspeicherung der Haut.

Therapievorschlag: Lipid-Senker. Nach sechs Monaten war der LDL bis auf Normwerte gesenkt. Obwohl Karin durch Unterlagen mitteilte, dass keine familiäre Häufung des Cholesterinstoffwechsels vorliege, kam der Letztgutachter des humangenetischen Instituts gegenüber der Lufthansa zu dem Schluss, dass eine erbliche Disposition »nicht auszuschließen« sei. Ein Einspruch Karins gegen das Gutachten wurde nach den Regularien der Lufthansa abgelehnt. Wahrscheinlich, so erinnerte sich Dirk jetzt, waren sie, die beiden jüngeren Geschwister, er dreizehn, sie fünfzehn unwissend und ohne weitere Erklärung zu einem Bluttest geschickt worden, der für beide Jugendliche völlig im Normalbereich lag. Für eine private Fluggesellschaft mit Pilotenausbildung waren die Atteste jedoch ausreichend und es gab sogar Hinweise, dass die Pilotenlizenz später, wenn keine Cholesterinauffälligkeiten bestünden, sogar auf die Lufthansa erweitert werden könnte. Erfahren hatten sie beide von Karin jedoch nur, dass Ralf zunächst bei der privaten Fluggesellschaft und der entsprechenden Fachhochschule die Ausbildung absolviere, weil es billiger oder schneller sei als bei der Lufthansa und so auf jeden Fall richtig.

Warum hat Ralf nichts gesagt, nicht einmal das mit dem gutachterlichen Hin und Her? Was hat Astrid erfahren? Auch wenn wir die feinsten Cholesterinwerte haben, was ist in uns erblich, was kommt später? Dirk will seine Mutter zur Rechenschaft ziehen, jetzt, sofort, bald, wenn es geht. Aber schneller als er seine Anschuldigung vorbringen kann, hört er bereits ihre vorgestanzte Antwort: »Ich wollte euch schützen, besonders dich mit deinen Unfällen, deiner Herumrennerei damals, deinen blauen Flecken! Es gibt nur eine symptomatische Behandlung gegen erbliche Überproduktion von Cholesterin. Als ich sicher war, dass eure Cholesterinwerte der Norm entsprachen, war kein Grund für großes Theater.«

Dirk klemmte den Ordner unter den rechten Arm, links hielt er sich am Geländer, er wird seiner Mutter einen bösen Brief schreiben, unten. Laut stapfte er die ersten Stufen hinab, als der

Ordner aus dem Arm rutschte und klackend Absatz um Absatz fiel, bei der Biegung vor dem Parterre am Boden des Geländers hängenblieb und für einen Augenblick seinen Papierinhalt aufwirbeln ließ. Werner war von dem Poltern auf der Treppe erschrocken aus seinem Arbeitszimmer geeilt und blickte hoch zu Dirk, der den Fall seines Ordners im Aufschlagen, Rutschen, neuem Anprall gebannt verfolgt hatte. Als Werner sah, wie vorsichtig Dirk sich an dem Geländer hinabbewegte, als seile er sich sicher ab, lachte er: »Also gut, die Akten zuerst.«

Unten angekommen, erkannte Werner, dass Dirk nicht nach Späßen zumute war, er angegriffen aussah und dies nicht wegen seiner mühsamen Bewegung. »Gewiss«, sagte Werner, »natürlich. Was ich weiß, sage ich dir.«

Dirk kam ins Reden, in die Affekte, die seinen Redefluss beschleunigten. Zwischen ihnen der Ordner und die Aufschrift Lufthansa/Ralf. Dirk redete laut und beschwerte sich gegenüber der Welt, blickte dabei seitlich an Werner vorbei auf seine Beugemaschine mit Sattel- und Armstange, klagte, immer nichts gewusst zu haben, der Jüngste, der Dummi gewesen zu sein – nicht weit von seinem Spitznamen Didi entfernt.

Werner deutete auf seinen Mund, lächelte um Entschuldigung wegen der breiten Zahnlücke, schob sein Kinn vor, die Lippen wurden in die Breite gezogen und schmal. Sein Blick blieb auf Dirks Gesicht: »Ich rede schlecht, ich habe jetzt oben meine Dübel, sprich Implantate, im Kiefer, ›sie heilen ein‹, sagte mein Zahnarzt und machte eine erfreute Miene. Das Einwachsen spürt man nicht, jetzt aber lispele ich, du musst mich so nehmen. – Natürlich kenne ich die Ereignisse vom Tod deines Vaters und dem Tod Ralfs.«

Werner sprach ruhig, referierte: »Damals, als du keine drei warst und dein Vater gestorben war, kannte ich weder Karin noch euch Kinder. Das war erst 1983 in Johannisburg, du musst sieben oder acht Jahre alt gewesen sein, schwitzend im Anzug, weil etwas Formelles wohl stattgefunden hatte, mürrisch auch und ohne Interesse an deiner schwarzen Nanny. Ich war bei United Steels damals fest angestellt und sie bauten einen Büroturm. Da gehörte ich hin. Es gab auch eine Einweihung der Internationalen Schule, Festakt, viel weißes Publikum und deine Mutter, zugereist aus dem Norden, etwas blass, frisch und unternehmungslustig hielt ein Referat, ein pompöser langer Titel, heute erinnere ich nur abgekürzt so etwas wie: Goethe – sein Geschenk an die Welt! Ich erfuhr, sie sei seit wenigen Jahren Witwe, habe drei Kinder, zwei größere im Internat, dieser Kleine, du, bei ihr, und dann machte sie eine ausladende Bewegung auf dich und deine Nanny. Sie habe als Lehrerin ein Auslandsjahr bekommen und fange hier gerade an mit Deutsch und deutscher Kultur. Mein Vertrag lief noch einige Monate, wir sahen uns oft. Du hattest riesige Muscheln am Strand gesammelt, die Nanny trug sie, du benahmst dich, wie ein weißes Kind sich betragen sollte.«

Dirk: »An die Muscheln erinnere ich mich, an den Rückflug nach diesem Jahr, es ging um das Übergewicht. Meine Mutter wollte sie loswerden, liegenlassen. Ich schrie. Sie hat den Zuschlag bezahlt, zuhause hockte ich über meiner Beute. Von dir weiß ich nichts mehr und von der Nanny nicht einmal ihren Namen.«

»Von euch hat Karin wenig berichtet, sie war keine Mama, wie es schien. Sie unterrichtete und managte. Sie sprach viel von ihren Eltern, vor allem ihrem Vater, den sie verehrte. Er war in den Achtzigern, aber agil, hatte mit U-Booten zu tun und mit Wirtschaftsthemen, es ging um Patente, Entschädigungen, Prozesse. Es ging um Geld und er hatte alles in der Hand. Er war der große alte Mann, hing an angeblichen Titeln, vor allem den Honorarkonsul für Kamerun. Es ging um Ehrungen und Verfeindungen. Er war streng, alter Preuße, ein selbsternannter General, mit mir wollte er nichts zu tun haben. Vor Karin nannte er mich, du weißt es, einen »Möbelverkäufer«, vielleicht hatte er recht. Deshalb hatte ich mit deiner Mutter auch eine Art Pakt geschlossen: mich gehen seine Sachen nichts an. Darin brauchte sie keine Hilfe.

Ich wurde in die Zentrale rückversetzt, Karin arbeitete als Lehrerin hier im Gymnasium, wir zogen in diese Wohnung, gewissermaßen ohne euch, ihr kamt in den Ferien, es ist bald 20 Jahre her, da hatte Ralf sein Abitur und die Bundeswehr hinter sich und wollte Pilot werden. Ich wusste das mit der familiären Hypercholisterinämie nicht sehr genau. Du hast es jetzt gelesen, es galt als Vermutung, die Lufthansa »schloss es nicht aus«, die Transair nahm ihn sofort. Er hatte keine Symptome, eure Blutwerte waren im Normbereich. Ihr wart in der Oberstufe, es hatte nichts mit euch zu tun. Zu dieser Zeit ist deine Großmutter Clara gestorben und Opa Carl zog in die drei Zimmer einer Eigentumswohnung in einer Seniorenwohnanlage, er sprach von »ich, ich in der Residenz«, und deine Mutter war täglich dort, war gewissermaßen mit eingezogen, und wenn ich in Deutschland war, lebten wir auch hier so ähnlich wie es heute aussieht, eine Wohngemeinschaft von Mann und Frau.«

Werner zuckte die Achseln, nahm seinen Kopf zurück, das Kinn gegen die Brust geneigt: »Wahrscheinlich hat deine Mutter mehr mit ihrem Vater gesprochen als mit mir. Das war und ist ihre Art. Es gibt natürlich auch meine Geschichte vor ihr, viele Jahre vor euch, und wenn es dich interessiert, wirst du sie später einmal hören. Aber was die Sache mit deinem richtigen Vater Rüdiger angeht, weiß ich so gut wie nichts. Es fällt in unseren Pakt des Schweigens.«

Werner berichtete weiter: »Karin war noch als Mädchen mehrfach mit ihrem Vater in Afrika gewesen. Sie konnte sich mit Einheimischen sogar in Ibibio verständigen. Aber dann war er sehr rasch gekommen, Rüdiger, für Karin vielleicht die unerwartete Chance, aus der endlosen Vaterbewunderung auszubrechen. Sie gab das Studium der Afrikanistik auf, bekam euch drei Kinder und ahnte nicht, in welche neue Abhängigkeit sie geraten war. Nach dem plötzlichen Tod Rüdigers war sie ohne Beruf, ohne eigenes Geld. Carl, Carl der Große, wie sie selten sagte, hat ihr das gesamte Pädagogikstudium bezahlt und euren Unterhalt dazu! Als sie mich traf, war sie bereits im Schuldienst.«

Dirk, unruhig: »Weißt du wirklich nichts weiteres über den Tod Rüdigers?«

»Man sollte einen Krimi darüber schreiben, einen ohne Lösung. Er soll damals ein aktiver Geschäftsmann gewesen sein, auch aus Kiel und mit Westafrika befasst. Auf Fotos sah er groß und stämmig aus. Ob er tatsächlich sehr übergewichtig war und die ›Cholesterin-Krankheit‹ hatte und vererben konnte, weiß ich nicht. Jedenfalls, im Sommer am Ostseestrand gab es vermutlich ein Gerangel im Wasser mit Leuten aus seiner Firma, deine Mutter nicht weit mit euch drei Kindern entfernt. Entweder hatte er einen Herzanfall oder sie haben ihn untergetaucht oder beides, die zeitliche Reihenfolge ist unbekannt. Oder es gab nur das Untertauchen, er ertrank und das war Totschlag. Ein Strandwachmann hatte beobachtet, wie der Mann plötzlich untergetaucht sei, um sich geschlagen habe und an den Strand gezerrt wurde. Die Wiederbelebung war erfolglos. Völlig unverständlich blieb, dass es keine Obduktion gab. Der Verdacht auf ein Verbrechen kam deiner Mutter erst, als es um das Erbe zu bitteren Streitigkeiten unter den Söhnen aus Rüdigers erster Ehe kam. Dein Großvater, herrisch: »Diesmal keine Prozesse!«

Dirk blieb weiter unruhig und gespannt: »Das ist nicht alles. Ralf kommt in das Rätselraten dazu, der grandiose Pilot. Ich habe immer geglaubt, er sei bei der Vorprüfung durchgefallen und deswegen wäre er zur Transair gegangen. Abgestürzt ist er vor Sylt auf dem Rückflug von seinem Zubringerdienst, allein in der Cessna. Vermutungen: schlechte Sicht, Versagen der Instrumente, Nachlässigkeit des Monteurs, Beendigung der Suche, anschließende Verfahren.«

Werner: »2001, da arbeitete ich die meiste Zeit in Singapur. Dort erfuhr ich von Ralfs Absturz und den ungeklärten Umständen. Als ich zurückkam, war Karin, wie soll ich es sagen, über das Schlimmste hinweg. Sie sprach wenig, informierte sich nur halb interessiert, forcierte ihr Schulprojekt. Ich glaube, Karin ist nicht die Frau, die ihre Not zeigt.«

Beide schwiegen. Dirk schüttelte den Kopf, zog die Schultern hoch, ließ sie fallen, versteifte sich und sprach hastig: »Seit zehn Jahren sind Astrid und ich erwachsen und hätten ihr etwas geben können, beitragen, bei ihr sein. Jetzt, wo ich behindert bin, zupft sie mich wieder am Hemd wie früher, steckt es rein, zieht es raus, immer lädt sie etwas an mir ab, stopft etwas in mich hinein, was ich nicht bin, aber sein sollte. Sie ist vom Leben mitgenommen, gut, aber bin ich einer, ›der nichts aus sich macht‹?«

Ohne Gips

»Brav geübt«, sagte Dr. Weisbrodt, als Dirk nach der Gipsentfernung am Arm des Pflegers hereingehumpelt war und sein nun nacktes Bein auf der Untersuchungsliege ausgestreckt hatte. »Das biegt sich gut. Das sind fast 60 Grad. Ohne meinen Beugetrainer hätten Sie das nicht erreicht. Ich sage immer, nach Kniefixierung natürlich Bewegung. Aber objektive Einstellungen und Messungen der Beugewinkel sind nötig, das Subjekt irrt sich, macht zu viel oder zu wenig.«

Dirk, in Rückenlage, sieht in das Gesicht des sprechenden Chirurgen und in den schweigsamen Blick Georgios, der ihm viel näher erscheint, bewegter als der des untersuchenden Arztes, fast eine Berührung. So blickt auch Fili, die nicht die Schwester von Georgios ist, sondern deren Freundin. Sind so die Griechen?

Dr. Weisbrodt erklärt seine Handgriffe: »Wir haben da an den Bruchstellen der Patella einige Kanten, können Sie das durch die Haut spüren? Sie lassen sich abschleifen, wenn Sie wollen, das bringt funktionell nichts, allenfalls kosmetisch.«

Dirk verneinte.

»Also keine Nach-OP, freut mich auch. Sie bekommen jetzt noch eine feste Manschette, aber Biegung und Streckung kommen von Ihnen, Wille und Muskeln gegen den Widerstand. Wichtig jetzt, sorgfältig und fest Auftreten, viel Bewegung, aber keinen Sport, mindestens ein Jahr. Vor allem kein Tennis, beim Absprung wirken enorme Kräfte auf die Bänder, beim Stopp noch stärker.«

Dirk richtete sich auf, betrachtete sein mager gewordenes bleiches Bein, von abgeschabtem Gipsstaub gepudert. Immerhin sein eigenes, wiedergewonnen, er sollte sich gut mit ihm stellen.

»Also, junger Mann, pflegen Sie das Recht und lassen Sie das mit dem Hinfallen. Nicht noch einmal, verstanden?«

Dirk nickte, wieder einmal.

An diesem Abend hatte Dirk seine Bücher, Schreibsachen, Kopien und das Diktiergerät auf dem großen Esstisch im Salon zu einer nicht benutzbaren Anhäufung zusammengeschoben. Er wird in seine Wohnung zurückkehren. Fili musste erfahren, erraten oder von Werner gehört haben, dass dessen Implantatreihe im Oberkiefer erst vorläufig abgedeckt sei und er nur sehr sorgfältig kauen konnte. Zur Feier der Gipsabnahme und Werners Abflug nach Singapur hatte sie vorgeschlagen, den beiden Männern ein Buttertoast-Programm zu servieren und Werner hatte die Studentin gebeten, mit dabei zu sein.

Fili hatte die verschiedenen Pasten aus ihren knackenden eckigen Plastikdosen in henkellose runde, dünnwandige Porzellanschalen gefüllt, mit dem Messer glatt gestrichen und den beiden einmal erklärt, was ihnen bevorstand: Weiche, zarte und doch im Geschmack kraftvolle Cremes aus feingehackten Oliven, Orangenstückchen, Zitronenschalen, granulierten Nüssen, zubereitet in einer Quarkgrundlage und mit Dill, Schnittlauch, Pimpernell, Borretsch und ihnen unbekannten Gewürzen versetzt. Ein Hauch von Zwiebel und Knoblauch entströmte.

Auch Fili trank, aß, überschaute den Ablauf des Speisens, war dabei, als ob sie seit langem dazugehöre, wach, schweigsam, eine Tochter und Studentin. Werner hatte sie über die Ausbildungen in Zahnmedizin befragt, vorgesehen sei Athen gewesen, aber viel zu teuer. Manchmal gebe es einige Kurse nicht und man müsse zwei Semester und länger warten, bis wieder ein Dozent da war für spezielle Prothetik, zum Beispiel. Viele gingen nach Bologna in Italien, sie habe sich für ein Stipendium in Deutschland beworben und »Gott-sei-Dank«, sie lachte laut und wie befreit, »geklappt«!

Sie bedienten sich von zwei kleinen Türmen aus übereinander geschichteten Scheiben Toastbrots, die einen steif geröstet, die anderen zart und biegsam für Werner. Auch vom üblichen *Blanc de blancs* war reichlich vorhanden. Die halbgefüllten großen Wassergläser blieben weitgehend unberührt.

Es war kein früher Abend mehr, als Fili sich zu einer studentischen Veranstaltung verabschiedete und mit einem Blick unterscheiden wollte, was abgegessen und was weiter als Nachimbiss zum Wein geeignet auf dem Tisch verbliebe. Werner erließ ihr die angedeutete Küchenhilfe, begleitete sie zur Tür.

Dirk erinnerte sich an die Plünderung der Büros des Verwaltungsgebäudes des Stahlkonzerns: »Neuigkeiten?«

»Verlassen«, sagte Werner. »Keine Werksleute sichtbar, sogar der massive Drahtzaun ist an einigen Stellen wie von Baggern niedergewalzt oder ausgerissen. Keine Arbeit. Einige junge Männer streunen, warten, ob sich etwas ereignet. Ich erkundigte mich nach Ufat, einem der früheren Hausmeister, der sei im Busch, unbekannt wo, nicht mehr bei der Company. Beim Weggehen winkte ein junger Afrikaner mir zu, ich kannte ihn nicht, ohne Uniform, lumpig in Hemd und Hose, er lungerte herum, winkte mir, ich sah in ein strahlendes Gesicht, seine Stimme auf Englisch, und ich erkannte ihn erst jetzt: Ufat, natürlich, dritter Sohn heißt das auf Ibibio, er ist es.

›Come to my compound‹, er lädt mich ein. Ich besteige sehr ungeschickt die freundlich angewiesene Stelle auf dem Gepäckträger hinter dem Sitz des kleinen Motorrads. Wir fahren eine Viertelstunde auf Sandwegen, rechts und links niedrige Hütten mit bewirtschafteten Parzellen, farbige Wäsche auf den Leinen. Von weitem sieht man nicht, wie dicht das Gebiet besiedelt ist.

Die Kinder. Seine Älteste geht in Ikot Ekpene zur Schule, eine christliche Mission. Die werden von den Müttern bis an die zementierte Straße gebracht, wo ein Bus sie aufsammelt. ›Need money‹, sagt Ufat und berichtet dann, wie es ihm nach der Plünderung ergangen ist, Uniform ausgezogen, ›damit man unsichtbar wird‹, mitgenommen, was zu kriegen ist, und versteckt, ›good material‹. In der Hütte finden sich Toaster, Abstellmöbel aus Plastik, Fußbänke, nichts Verräterisches, in Lagos-Stadt kann man Ähnliches kaufen. Dann wird Ufat zutraulich und erzählt mir stolz und wie ein Geschäftsmann, er habe viel Kupfer mitgenommen, Leitungsrohre, Elektrokabel, Steckdosen, für die Computer leider zu spät. *Need money*, er brauche Kapital für einen Laden, für die Kinder, für die Große bald eine Aussteuer. Er hat alles im *compound* vergraben, unter den wenigen Quadratmetern Land, dort wo seine Frau den Jam aushackt, der ohne Bewirtschaftung nachwächst, ewiges Ernten.

Er hat mich sogar zu einem *meeting* eingeladen, im *bush*, da würde man feiern und hören, wo etwas los ist, besonders aber trinken, sie hätten neue *acquisitions*. Wohl feine Flaschen in Kistchen mit Holzwolle aus Schottland oder in unzerbrechlichen Hülsen aus den USA, die Etiketten zu verführerisch, um sie bis auf den Markt zu bringen und dort um Geld zu feilschen. Besser, im *bush* die Kehle zu baden. Dort werden sie alle *king* sein.

Irgendwann gibt es eine neue Chance, auch für Ufat, der weiter wartet und lacht, sich irgendwann vom nächsten Militär rekrutieren lässt, einen Handel aufziehen wird, sich einer Bande anschließt oder einem Unglück oder Unfall zum Opfer fällt.«

Nachdem Dirk ausdrücklich gesagt hatte, er wolle hier im Salon bleiben und den Tisch später abräumen, hatte sich Werner zurückgezogen. Trotz der nigerianischen Neuigkeiten, die er sich gut einprägen würde, fühlte er sich zunehmend allein gelassen, in sich verringert, bedürftig geworden. Er probierte noch einmal die sahnigen Pasten, diesmal mit der Messerspitze, ohne Brot. Er trank Wein, dachte an seine Wohnung, oben über dem vierten Stock, nach dem Fahrstuhl über eine Treppe zu Fuß zu erreichen. Er hatte sie verlassen, innerlich geräumt, er müsse sie wieder auffüllen, mit sich, mit sich allein. Kein Werner-Vertrauter und keine Fili-Köchin, von vorne anfangen, Astrid nur auf Besuch, Susanne verloren, die Arbeit an der Dissertation, die einen neuen Schwerpunkt erhalten soll, Stefan und Henry aus der Doktorandenbande. Er müsse sich aufpumpen für das Leben, den Computer hochfahren, erst einmal allein.

Er hat zu viel getrunken, er weiß es. Er hat ständig gegessen, langsam, unaufhörlich. Anders als in Situationen, deren er sich im Nachhinein schämte, erlaubte er es sich heute. In Gedanken, Fili werde morgen früh zu ihrem Haushaltsjob kommen, sah er voraus, wie ihre Hände und Finger genau dorthin greifen werden, wo das Geschirr zu fassen und auf das Tablett abzustellen ist, geleitet von ihren Armen, ruhig und genau, gestützt von ihrem Körper, der biegsam, fest und eingemauert ist in ihren engen Hosen und dem Pullover. Sie ist sich selbst. Als ob sie neben ihm stünde, streckt er seine Hand aus, will sie berühren. Er spürt sein Unvermögen, sich an ihren Rücken heranzutasten, sie an den Schultern zu sich zu drehen.

Rückkehr

Dirk war in seine Wohnung zurückgekehrt. Im Zweiten Weltkrieg war das fünfte Geschoss des schweren gründerzeitlichen Wohnhauses ausgebrannt und die Giebelmauern baufällig geworden. Anstatt originalgetreu zu restaurieren, hatte man die Decke des oberen Stockwerkes betoniert, vier quadratische Appartments errichtet und mit einem Flachdach versehen. Dieser Aufbau bedeckte nicht den gesamten Grundriss, sondern ließ eine umlaufende Dachbepflanzung frei, die auf allen Seiten mit einer fast körperhohen Mauer abschloss. Von unten, auch von der gegenüberliegenden Straßenseite, waren die Aufbauten nicht zu erkennen, was Dirk anfänglich bedauert hatte, da er Mein-Viertel-Penthouse bereits aus der Ferne hätte begrüßen wollen. Diese Kleinimmobilie war ihm nach dem Bestehen des ersten juristischen Staatsexamens von seiner Mutter gekauft worden: »Das letzte Geschenk deines Großvaters Carl, damit du endlich aus dem Studentenmilieu herauskommst.«

Anders als in der Vater-und-Mutter-Wohnung sind die Räume hier oben heller, die Gegenstände leichter, die Wände dünner. Die großen rollengelagerten und verschiebbaren, über Eck bis zum Boden reichenden Fenster erlauben beliebigen Austausch der Luft. Es war sogar ein Schnäppchenkauf gewesen, ein Modellapartment, die Wände in wechselnden Tönen von gebrochenem Weiß und hellem Grau, vom hellbraunen Parkettboden angemessen geerdet. Schmale Stühle aus dünnem Eisenrohr, durchsichtige Beistelltische, eine niedrig über dem Boden verlaufende Liege lassen den Raum voluminöser erscheinen.

Dirk hatte wenig verändert, nur ein grelles, mit breiten Pinselstrichen hingeworfenes Bild, auf dem grobe Farbflächen sich begegneten und an den Übergängen filigran kräuselten, abgenommen. Eine vom Boden aus hüfthohe Vase aus dickem Glas, für überdimensionale Lilien oder langstieliges Schilfgras gedacht, war verschwunden und gehörte offensichtlich nicht zur verkauften Ausstattung. Schon beim Einzug hatte er die beiden schmalen Bücherbordbrettchen, für Leichtnippes, aufklappbare Bildkalender und kleinformatige Bände mit Spruchweisheiten gedacht, der Spedition mitgegeben und vor die freigewordene Wand den schweren, dreistöckigen Bücherwagen gestellt, ein afrokoloniales Erbstück, mit Rollen versehen. Über dieses weit in den Raum hineinragende massivhölzerne Teil hatten bei der Einweihungsparty juristische Freunde gewitzelt, er drücke sich bereits in den Fußboden ein und Dirk hatte sich tatsächlich gebückt, um nach einer sich langsam ausbreitenden Vertiefung zu forschen. Henry fand diesen Gegensatz zwischen antik und modern »irgendwie anregend-aktuell«, Dirk hatte sich nicht geäußert. Susanne, seine damalige Freundin, hatte beim ersten Besuch ein »Huch« ausgestoßen, als ob der schwarze Koloss in der Wohnung herumfahren und sie bedrohen könne. Ansonsten hatte sie das Ambiente als »freundlich« eingestuft, auch »weiblich« hatte sie gesagt. Dann, so erinnerte er sich, hatte er seine Behausung erst durch einen maskulin angestrengten und geglückten Sexualakt drüben im Schlafzimmer, das auch ein wenig nach Jugendzimmer aussah, insgesamt zu Männlich-Eigenem gemacht.

Über annähernd drei Monate hatte er seinen PC nicht benutzt, kein Internet geöffnet, keine sexuellen Filmchen für die Spielchen gesucht. Er baute seinen Arbeitsplatz wieder auf wie zuvor. Ihm fiel auf, wie schmal und kurz die Tischplatte war im Vergleich zu Werners altem schweren Esstisch im Salon, der neben seinen ausgebreiteten Arbeitsutensilien noch Platz für die kleinen angenehmen Abendessen mit Werner bot und selbst den Beugetrainer aufnahm. Befriedigt konstatierte er, wie viel Text er in dieser Zeit dort handschriftlich aufgesetzt hatte, die niedrigen Stapel von Exzerpten und eigenen Beurteilungen. Er wird sich umstellen müssen, wieder auf dem PC zu schreiben. Das handschriftlich Aufgesetzte wird er diktieren, und die Hilfskraft am Institut schreibt es ab.

Das gewohnte Leben: Die Termine wegen der Assessorprüfung rücken näher. Die Vorbereitungsgruppe wird sich in der nächsten Woche bei ihm treffen. Im Doktorandenseminar hatte Professor Böhm, unbeschwert und jünger als seine Kollegen in der Fakultät, freimütig erklärt, er habe sich mit dem Thema für die Herren Haubach, Breitner und Wittels überschätzt. Denn »Anhaltspunkte« (auf Veränderung der Rechtsprechung des EuGH) bedenken nicht, was *vor* den Anhaltspunkten gewusst werden müsse, um sie zu finden: »Gerichtspraxis, das ist es.« Er hänge die Latte jetzt niedriger und die Vorarbeiten seien nicht verloren. »Manches enthüllt sich erst mitten in der Arbeit.«

»I am not amused«, hatte Henry zu Dirk geflüstert.

Dieser Abend ist hell und ausdauernd. Licht flutet durch die gläsernen Außenwände. Er hat eine Fensterwand aufgeschoben, sieht über die niedrig grüne Dachbepflanzung hinweg die Silhouette der großen gegenüberliegenden Bürgerhäuser. Luft strömt durch den Raum, füllt ihn, vergrößert ihn, entleert ihn. Hier will er sein, sich in seiner Wohnung ausbreiten, noch fühlt er sich unsicher in seinem inneren Selbst. Dort, in der Vater-Mutter-Wohnung war es dichter und dunkler, jeder Raum besaß seine lange Geschichte. Dirk hatte sein Kinderzimmer durchforscht, war in Astrids Raum auf die unverständlichen, indianischen Wandbehänge gestoßen. Die nicht wiederbelebbare Abwesenheit Ralfs blieb ihm im Bild seines in ein farblos neutrales Gästezimmer verschwundenes Zuhause bewusst. Allein in den Keller war er nicht hinabgestiegen, wo noch Reliquien seines so großartigen Großvaters Carl-Joachim Hallstatt lagern sollten. Gelegentlich würde er dort stöbern.

Jetzt wäre die Zeit, in der er eine Frau gerne um sich hätte, auch Fili, wenn sie sich besser kennen würden. Er ist unschlüssig. Telefonieren? Lesen? Den Fernseher einschalten? Vielleicht ein Spielchen, erprobt und zur inneren Bebilderung geeignet? Ein Begrüßungskick, ein Wiedererkennen? Er kann das große Zimmer mit bis auf den Boden reichenden Vorhängen verdunkeln. Aus dieser Höhe könnte ohnehin niemand hineinsehen, gäbe es nicht den für Notfälle angelegten, noch nie benutzten Umlauf über alle vier Wohneinheiten, der zu der außen angebrachten Wendeltreppe, dem Notausgang, führt.

Parkhaus

In der Innenstadt, im Spätnachmittagsgedränge auch auf den Bürgersteigen, traf Dirk seine Mutter Karin. Sie hatte ihn durch mehrere Reihen Passanten vor ihr bemerkt, einen Mann, der im Gehen leicht schaukelte, sie rief ihn mit Namen an, sodass er stehen blieb und zwei Passanten ruckartig um ihn herum ausweichen mussten. Am Bordstein vor einer gerade auf Grün umgesprungenen Fußgängerampel hielt Dirk seine Mutter am Arm. Sie trat einen Schritt zurück: »Warum das? Warum hältst du mich fest, du fesselst mich ja geradezu!«

»Wenn ich stehe und weiter will, muss ich einen Augenblick lang warten und mich konzentrieren, bis das Kniegelenk gelockert ist und ich nicht schlurfe.«

»So«, sagte sie. Sie überquerten die Straße. »Das geht doch recht ordentlich jetzt. Bist du mit der Dissertation fertig? Das hält dir den Kopf frei für die Prüfung.«

Der Verkehrslärm hatte ein Wort verschluckt. Oder das Wort war nicht gefallen. Oder Karin hatte es deutlich ausgesprochen: »wenigstens!«, oder auch: »endlich«. Oder hatte er es gehört und so rasch vergessen, dass es in ihm nicht explodierte?

Dirk antwortete beherrscht: »Noch nicht, aber auf gutem Weg. Der Professor hat die Schwerpunkte des Themas geändert. Ich kann, was ich geschrieben habe, weiter verwenden.«

Wiederholte seine Mutter jetzt das gesprochen-ungesprochene Wort, das ihr so wichtig ist? Mildert sie es ab, etwa in: »Es wäre doch schön, wenn du das schon hinter dir hättest«? Karin schweigt. Was denkt sie?

Sie setzten ihren Weg fort, nebeneinander, doch gelegentlich zueinander verschoben durch ein Hindernis für einen von ihnen beiden, ein Fahrrad vor ihnen, das geschoben wurde, ein Junge, der sich von hinten zwischen ihnen durchdrängte. Karin hatte angeboten, Dirk zu seiner Wohnung zu fahren: »Das Auto steht im Parkhaus, nicht weit von hier.«

Dirk wusste nicht, was in Karin schweigend vorgegangen war, ist aber sehr rasch im Bilde, als sie plötzlich bewegt und laut äußerte: »Ach, das hättest du mit ansehen sollen, der alte Justiziar ist gestern beim Tennis wieder aufgetaucht. Ein Mann, der sich aufrafft, sein Leben besteht, sich nicht unterkriegen lässt von Alter und Krankheit.« War da wieder Karins Vorstellung, wenn nicht alles erreichbar ist, so muss wenigstens die Leistung stimmen? Dirk kannte die Story vom Justiziar bereits. Innerlich gereizt von diesem eingedrungenen Wenigstens wurden ihm seine Not und sein Zorn bewusst, und er verwendete sie gegen seine Mutter, indem er ihr zuvorkam: »Ist er wieder gestürzt, wieder die einmalige Show, auf allen Tennisplätzen um ihn herum sinken die Schläger, man wartet, hört, man sucht am Himmel, wann endlich der Rettungshubschrauber kommt?«

»Mach' ihn nicht schlecht«, sagte Karin. »Es ist drei- oder höchstens viermal vorgekommen, Kollaps oder Herzinfarkt. Er war monatelang in der Reha und gestern, sagte ich dir, stand er da, stolz in seinem weißen Dress. Wir haben im gemischten Doppel gespielt. Er wird etwas langsamer und steht viel an der Linie. Wir fürchten seine Aufschläge – und wieder kamen die Bälle mit ihrem eigenartigen Drall, brachen aus ihrer Bahn, entweder sehr schnell und flach oder fast taumelnd kurz hinter das Netz. Man schlug daneben oder zu hoch oder zu tief. Am Schluss hatte er alle Sätze gewonnen.«

Dirk blieb verbockt. »Das ist sein Trick, sein einziger. Ich war einmal dabei. Wenn er beim Aufschlag den Ball in die Luft wirft, streckt er sich so, dass man meint, er schleudere Arm und Schläger hinterher. Der Trainer, der manchmal mitspielt und ihn gut kennt, bestätigte, es sei korrekt, wie er das mache, wie er den Ball vor dem Aufschlagen in der Hand drückt, dreht, zwirbelt oder was sonst tut, damit er diesen Drall kriegt. Was mich aber interessiert: Schämt er sich nicht für das Theater, das er produziert, die Kosten für den Hubschrauber?«

Karin zögerte nicht: »Er zahlt privat, was die Versicherung nicht bezahlt.«

»Außer dir mag ihn wohl niemand, und mancher findet ihn unfair.«

Auch darauf hatte Karin eine Antwort: »Was willst du, das ist Sport nach Regeln. Da ist Kampfgeist gefragt. Wenn es mit deinem Bein besser wird, solltest du wenigstens joggen.«

Dirk spürte die Provokation, blieb ruhig.

Karin: »Also, ich denke, der Justiziar ist völlig im Recht und zwingt den anderen Bewunderung ab. Er will wohl auf dem Tennisplatz umfallen und tot sein. Mitten im Spiel, mitten aus dem Leben.«

Dirk: »Mit achtzig ist auch er nicht mitten im Leben!«

Karin beschleunigte ihren Schritt, so dass Dirk eine halbe Länge, dann eine ganze Länge hinter ihr zurückblieb: »Das kommt darauf an, wie man es erlebt. Was er für die Firma geleistet hat, das lebt jetzt noch in ihm. Nicht deine Sache, sicher.«

Mit zwei sprungartigen Schritten hatte Dirk den Abstand zu seiner Mutter aufgeholt: »Aber deine Sache, wie immer. Ich bin der Adressat, der Jurist sein soll – und wie er ein Jurist wird oder ist, dazu gibst du deine Vorlagen. Ich wollte auch mit dir reden.« Das klang nicht zuversichtlich, aber bestimmt.

Karin: »Dann rede jetzt. Oder oben im Parkhaus.«

»Ich dachte an ein Café.«

»Das brauchen wir nicht, ich verstehe gut, auch im Krach der Schulklasse, also was?«

Dirk schwieg. Er begleitete seine Mutter ins Parkhaus. Dort im Auto, im vierten Obergeschoss, auf dem Beifahrersitz, eng neben ihr und eine graue Betonwand vor Augen, benannte er den Sachverhalt: »Damals wolltest du einen willfährigen Orthopäden finden, der mich prüfungsfähig schreibt, um den Amtsarzt, ›der ohnehin nichts von Orthopädie versteht‹, durch einen statushöheren Facharzt zu überlisten. Dann säße ich auf einem

Hocker, streckte mein Bein aus, blütenweiß behost auf koreanisch im Dobok, dein Geschenk – erinnere dich! –, im Kampfanzug vor den Herren Prüfern.«

»Was also?«

»Du wolltest einen guten Juristen aus mir machen.«

»Du sagst es.«

»Und versuchst, zwei Ärzte auszutricksen, damit sie mir ein falsches Attest geben!«

Karin, unverblümt und unerschrocken: »Das ist eine argumentative Sache, kein Tricksen.«

Dirk: »Das ist mehr als Tricksen, ein versuchter Betrug. Verstehst du das unter einem guten Juristen?«

Die gereizte Stimmung verdarb die Luft, der Raum verengte sich, band Mutter und Sohn eng aneinander.

»Lieber Dirk, das sage ich dir mein halbes Leben lang. Es sind die argumentativen Leute mit der argumentativen Überlegenheit, die sich durchsetzen. Als Jurist solltest du das gelernt haben.«

Dirk spannte sein rechtes Bein, indem er es im Kniegelenk senkrecht stellte, und stieß von unten an die Armaturleiste. Er ereiferte sich: »Was ist an einer Überrumpelung von Ärzten etwa argumentativ?«

»Genau das, lieber Dirk, die Argumente hätten erreicht, dass du das Attest der Prüfungsfähigkeit bekommen hättest. Man muss sich auch einmal krummlegen, um durchzukommen.«

»Das Ganze wegen eines halben Jahres Verspätung!«

»Für Geschäfte ist das wahnsinnig lang, bei Terminen kommt es auf Stunden an. Übrigens, das Geld bleibt auf dem Konto«, Karin ärgerlich wie er, der Ton lauter und rauer, »bleibt auf dem Konto und verliert an Wert, täglich, stündlich.«

»Jetzt sind wir beim Geld angelangt, endlich!«

Karin: »Du lachst, mir ist das bitter genug.«

Dirk spürte, hier könne er sie treffen: »Was verlierst du?«

Karin fingerte an dem voluminösen Schlüsselbund, der neben den Zündschlüssel hing. »Ja, das sage ich dir. Du verstehst nicht und willst nicht verstehen.«

Dirk hörte in seinem Inneren Karins immer wiederholten Satz: ›Du weißt nichts vom Leben, vom wirklichem Leben.‹

»Genug jetzt, ich fahre dich zum Savigny-Platz, wenn du in dein Apartment willst.«

Karin wollte den Motor zünden, Dirk fällt ihr in den Unterarm: »Erinnerst du dich, wie du vor Wochen abends zu Werner und mir in die Wohnung gekommen bist mit einem Korb voll Essachen, sehr zufrieden wie mir schien, du hättest eine Einladung gegeben für eine Mitarbeiterin oder so, hast sie vollgequatscht, ›damit ich sie auslade‹, hast du gesagt, ›damit sie den Termin aufgibt oder verpasst‹.«

Offensichtlich galt das Hupen, das lauter wurde, ihnen. Der Wagen stand, Dirk konnte es nach rechts gut erkennen, einen halben Meter über den nächsten weißen Strich. Dort wollte jemand einparken, ein breiter SUV hinter ihnen. Dirk schwieg, er fand sich überlegen in dieser Situation. Was würde sie tun? Karin ließ ihr Seitenfenster herab, beugte sich zurück, erkannte die Situation und stieg aus. Der Fahrer des behinderten Wagens ebenso. »Okay«, sagte Karin und blickte ihn an, »da haben Sie wirklich Recht. Wenn Sie bitte zurückfahren, komme ich raus.« Inzwischen hupte hinter ihnen ein drittes Fahrzeug, das den schräg stehenden SUV nicht überholen konnte. »Also«, sagte Karin und ging auf den hupenden Fahrer des letzten Fahrzeugs zu, »so kommen wir alle nicht weiter, würden Sie bitte zurückstoßen, dann kann es der Dicke auch und ich komme rückwärts heraus.« So geschah es. »Siehst du«, sagte Karin, »aber jetzt los«.

»Nein«, sagte Dirk und packte ihr Handgelenk, sodass sie den Zündschlüssel nicht drehen konnte. »Ich wiederhole das: Du lädst zum schönen Essen ein, um den anderen auszutricksen. Du denkst an dich und niemanden sonst.«

»Lieber Junge oder soll ich dich mit Didi anreden oder ach mein lieber Junge, so sensibel! Hast du nie von einem Geschäftsmann gehört?«

»Aber du hast eine Einladung gegeben, Mutter, höchst privat in deiner Wohnung, mit Leckerbissen aller Art, ich finde, das ist Betrug.«

Karin ließ die Finger vom Zündschlüsselbund, Dirk gab ihren Arm frei.

»Auch das muss man tun«, sagte Karin, »wenn es um Geld geht. Auch um Geld muss man kämpfen.«

»Ich finde meinen Weg, anders!«

Karin blickte zu ihm hinüber. Sie war ernst, enttäuscht.

Dirk spürte es: »Was ist?«

Karin: »Wir haben alles für euch getan, für eure Erziehung, das Studium, Sprachen, frühe Auslandsaufenthalte.«

»Wer und was?«

»Du willst es nicht wissen, obwohl du es weißt: Euer Vater Rüdiger, als ihr noch klein wart, danach euer Großvater, immer, und ich.«

»Erziehung: im Internat! Strammstehen beim U-Boot-Gönner, wir drei Kinder immer isoliert voneinander!«

Karin unterbrach ihn: »… von den Ärzten ganz zu schweigen, du hast mir immer Sorgen gemacht, dein Herumrennen, deine blauen Flecken. Ich kämpfe weiter, nicht nur um Geld, auch um Kultur muss man kämpfen. Das haben deine Vorfahren seit drei Generationen getan.«

Dirk: »Du meinst die Missionare und Kolonisten, die Händler und Ausbeuter, dein ganzes Afrika!«

Karin hatte, von Dirk unbemerkt, den Zündschlüssel gedreht, der Motor lief: »Das reicht. Mit dir ist nichts zu diskutieren. Am besten, du fällst wieder Treppen hinunter, dann steckt man dich in Gips und die Mädchen aus der Zahnmedizin sorgen für dich!«

Karin rollte langsam und vorsichtig zurück. Dirk hatte seinen Gurt gelöst, der schnappte zurück, er hatte die Tür geöffnet, das rechte, unsichere Bein am Boden. Karin bremste, Dirk stieg aus, stand aufrecht und warf die Tür zu.

Dirk folgte dem Pfeil über der aufgemalten Schrift Ausfahrt, erkannte das Verbotszeichen für Fußgänger, lief zurück und fand sich in einem schmalen kahlen Betongang, an dessen Ende er die Treppen sah. Karin hatte ihm nachgerufen: »Nimm' den Lift, nimm' den Lift!« Er rannte, niemand begegnete ihm. Zunächst noch spürte er die Schwäche im rechten Bein, verlagerte das Gewicht zur linken Seite und stieß grob gegen eine der Betonwände, die ihn auf seinem Abstieg begleiteten. Dann spürte er die Schwäche nicht mehr, hatte sich eingependelt, die linke Schulter streifte die Wand, die ihn zur Mitte abzustoßen schien. Ob er die Stufen zählte oder die rechteckigen Kehren in diesem Betonschacht, ob er das Ende der Treppe einschätzte? Schroff bremste er vor einer Eisentür, die Hände flach gegen das Metall gepresst, den Kopf zurückgeworfen, Ausgang. Es hätte keinen Raum gegeben, um zu springen.

Er öffnete, stand, torkelte, suchte einen Platz, sich niederzusetzen. Sich an die Wand lehnend, sah er wenige Schritte entfernt die Kabine der Parkhausaufsicht, offensichtlich geschlossen, aber zum Schutz vor Fahrzeugen auf einem niedrigen steinernen Podest. Dort hockte er sich nieder. Der ausfahrende Verkehr tönte um ihn, er beachtete ihn nicht, ohnehin in einer Wolke aus Herzrasen, Schwindel und Stolz.

Ich stürze hinunter und falle nicht. Ich bin unverwundbar!

Dies vollbrachte sein Gehirn, sein Selbst, ohne Bemühung und Zweifel: *Unverwundbar!* Nichts brauche ich mehr. Kein Geld, keine Dissertation, kein Examen, keine Begründung. Das ist es: keine Begründung. Geld schiebt sich in Bündeln aus den Automaten, ich jage mit einer Dagmar nach Palermo – ewiger Strand!

Sein Atem beruhigte sich. ›Mein Bein‹. Er hob es langsam im Oberschenkel. Aus der niedrigen Sitzhöhe konnte er nicht erkennen, ob es sich im Knie beugte. Er stemmte sich auf halbe Höhe hoch, spürte Schmerz, sah jedoch, wie es sich deutlich bewegte. Er ließ sich zurück auf sein Podest fallen, kaum zwei Handbreit über dem Boden.

Erst jetzt erschrak er: Ich rase. Ich kann nicht aufhören zu rasen. Ich stürze mich zu Tode. Das wäre das vierte Mal gewesen und das Ende. Gegen die Betonstufen geschleudert, Rippenbruch, Wirbelsäulenbruch. Keine Doctores Georgios und Weisbrodt können mich retten. Der Rollstuhl – grässlich! Aber das Ende der Verpflichtungen, endlich?‹

Café Fürstenhof

Vermutlich war Werner als Vermittler aufgetreten und hatte Karin mitgeteilt, die beiden »Kinder« seien, sicher zu spät, von einer neuen Emanzipationswelle erfasst worden, wollten mit ihr sprechen, zunächst Dirk, »vernünftig«, wie er betont habe. Karin war einverstanden. Sie trafen sich im Café Fürstenhof, ein feines Plüschcafé in der Nähe des Bismarckplatzes, nicht weit von Karins Schule entfernt.

Dirk war vor seiner Mutter da, saß aufrecht in der Ecke eines sehr weichen Sofas, erkannte sie bereits an ihrem harten, schnellen Schritt, wunderte sich über die uralte, schäbige grüne Umlaufmappe, auf der Vorderseite durchlocht, damit jeder weiß, ob sie leer ist und sich das Aufschlagen sparen kann. Rasch ließ Karin sich nieder, die Beine aus recht kurzem Rock starr beieinander, verlor in den Polstern etwas das Gleichgewicht, schob sich an die äußerste Kante des Samtballens und sagt zu dem Kellner, der die Bestellung aufnehmen wollte: »Gibt es auch Stühle bei Ihnen?« Der Kellner, ein sehr großer, schlanker, dunkelhäutiger junger Mann, wies mit der Hand und antwortete in perfektem Deutsch: »Zum kleinen Salon, zwei Stufen hoch, bitte.«

Sie fanden Thonet-Stühle vor, geschwungene Beine und steile Rücken.

»Unbequem«, sagte Karin, »aber so bleibt man wach.«

Dirk hatte auf den üblichen, leicht bedrohlichen Unterton bei der Begrüßung mit ihr gewartet, er spannte die Schultern und blickte seiner Mutter voll ins Gesicht. Sie wirkte jetzt selbstsicher, ihr teppichdickes, überkurzes, schräges Pony wie gerade vom Friseur aufgebürstet und für tadellos befunden, die Ohren frei rasiert, die Augenbrauen grau und deutlich, nicht unversöhnlich, doch zum Kämpfen bereit.

Später wusste Dirk nicht mehr, wie er begonnen hatte, wahrscheinlich die alte Kränkung, er sei wie er sei, nicht »richtig«, immer solle er zu etwas »werden«, etwas aus sich »machen«. Schule, Abitur, Studium, Examina, alles nicht genug.

Karin blieb ungerührt: »Bei deinen Begabungen und sozialen Voraussetzungen ist das gerade einmal ausreichend, nicht mehr.«

Er war ärgerlich geworden, die Benotung verletzte ihn, er schwang sich zu einem nicht erprobten Pathos auf, er wolle nicht anders als »Ich« sein, nichts mehr hören von Geld und Karriere. Er war zu weit gegangen, er war seiner Mutter wie mit grober Hand über das Gesicht gefahren, ihre frischen, glatten Züge verfestigten sich, nahmen die bekannten, spitzen Falten an, die sich in der Stunde nicht mehr lösten.

»Didi, ich muss schon wieder Didi zu dir sagen, das mit dem Selbstsein ist Larifari. Du redest wie ein Kind, dabei weißt du, du gehörst in die Familie und das gibt dir Verpflichtungen und Rechte.«

»Was ist denn Großes in unserer Familie?«

Überraschend dann hatte seine Mutter ausgeholt und eine Rede gehalten, begonnen mit dem Missionar in Deutsch-Kamerun, was er oft genug gehört hatte, dann aber fortfuhr mit etwas, das ihm unbekannt war: »Von dessen Bruder, der Plantagen besaß, Kakao und Kaffee, Händler en gros, und seiner Frau Mathilde stammte mein Vater. Carl-Joachim, dein berühmter Großvater, anders kann man es nicht sagen. 1917, da war er gerade 18 Jahre alt, begann er sein Ingenieurstudium in Kiel. Sein Onkel hatte durch die Ausweisung aus Kamerun alle Besitztümer verloren, jedoch, kaum zu glauben, aber durch Dokumente belegt, war er noch 1938 in London wegen des Rückkaufs oder Pacht von Ländereien, die von den Engländern nicht bewirtschaftet wurden. Als dann der Krieg kam, der Zweite, hatte Carl als Ingenieur wichtige Aufgaben in der Kriegsforschung, fuhr, wie du weißt, in diesem U-Boot, das getroffen wurde und durch Tapferkeit und Klugheit wieder auftauchte und seinen Stützpunkt erreichte. Ende 1943 wurde er als Ingenieur, er hatte auch einen militärischen Dienstgrad, nach Peenemünde beordert, um an den Abschussbasen der Raketen zu arbeiten. Ich wurde in Kiel geboren, jetzt fast drei Jahre alt, und Clara und ich wohnten mit unserem BDM-Mädchen Hertha außerhalb des Sperrgebiets bei Karlshagen.

Dirk spürte, wie Karin weit ausholte, lauter und doch freundlicher sprach. Er ergriff die Chance: »Wie war das genau?«

»Das sind undeutliche Erinnerungen. Ich war mit meiner Mutter eng zusammen. Carl-Joachim also im Dienst, wir in dem nahen Feriendorf untergebracht, immer im Lärm, mit Schüssen, Flugzeuggeheule, das spüre ich immer heute, wenn eine Sirene losgeht oder ein Schlagbohrer in meiner Nähe ist. Vieles hat Hertha, die später als unsere Haushaltshilfe blieb, erzählt, als ich dann größer war. Da habe ich sehr genau hingehört. Auch weil meine Mutter es oft wiederholte.

Wir sollten evakuiert werden und warteten in einer Lagerhalle in der Nähe des Bahnhofs, wurden bei Einbruch der Dämmerung längs der Schienen auf ein Feld geführt, vielleicht hundert Menschen oder mehr. Ich klammerte mich an Hertha. Sie war sechzehn Jahre alt, kam vom Bauernhof und war stark oder sicherlich viel stärker als meine Mutter. Ich mochte ihren festen Griff, ob an der Hand oder in ihrem Arm. Später kamen Soldaten auf Lastwagen vorüber, bewaffnet, fuhren weiter. Personenzüge sollten bereitgestellt werden, kamen nicht, angeblich von Bomben getroffen. Güterwaggons tauchten auf. Alle rannten hin. Clara mit zwei Koffern, Hertha mit anderem Gepäck und mit mir auf dem Arm. Wir waren zu spät. Die Menschen rannten aufgeregt hin und her, bewegten sich dorthin, wo sie vermuteten, dass die breiten Türen aufgeschoben würden. Als dann alte Männer mit Rotkreuzbinden tatsächlich öffneten, drängten die Menschen, ballten sich zusammen, die ersten Reihen verschwanden in dem dunklen Schlund des Wagens, gedrückt, geschoben, kaum aus eigener Bewegung. Wir standen aussichtslos im Rücken der Menge, noch mit Koffer und Gepäck. Hertha aber dirigierte: ›Lass' alles stehen, ich drücke mich durch mit dem Kind.‹ Clara hielt nicht mit, verlor sich. ›Als du, nur auf der Hüfte, gegen die anderen Körper gepresst, schriest, riss ich dich hoch, du strampeltest dich frei bis über meinen Schultern und ich, halb erdrückt, schubste dich vor mich hin, und du, ich konnte es nur ungenau sehen, hast dich weitergerobbt, bist über die Köpfe hinweg gekommen, klammertest dich beim Eingang auf den Rücken einer Frau. Ich war eine der letzten im Waggon. Clara blieb zurück‹, erzählte mir Hertha. Sie hat mir gezeigt, wie man durchkommt.«

Während Karin sprach, hatte sich Dirk die Szene vor den Güterwaggons vorgestellt, das Kind, das über die Köpfe hinweg in die einmal vorgegebene Richtung weiter krabbelt, stampft, sich anklammert und schließlich mit einer unbekannten Person in den Wagen eindringt, dort abgesetzt oder gehalten wird, bis Hertha es erreichte.

»Das hat mich stolz werden lassen, glaube ich«, sagte Karin. »Ich habe mich durchgesetzt, einmal und fürs Leben. Und jetzt, lieber Dirk, brauche ich eine Pause.« Karin griff an das Kaffeekännchen, das unter ihrem Griff leicht und leer wirkte, schüttelte es sicherheitshalber, stach mit der Gabel hastig Stücke aus dem Streuselkuchen und verzehrte sie. Sie richtete sich auf: »Das war der Anfang mit mir. Ich bin durchgekommen, musste es, konnte es mit kaum drei Jahren, über die Köpfe und mit den Füßen weiter. Du weißt alles andere, Clara fand mich drei Tage später, wir wurden von den Amerikanern gekidnappt, immerhin alle am Leben. So war es, Dirk, und jetzt brauche ich Luft, mache ich einen Spaziergang, allein.« Karin zog ein längliches schweres Lederetui aus ihrer Handtasche und legte einen 100-Euro-Schein neben den Kassenbeleg über 19,80 Euro Verzehr. Der Kellner suchte nach kleinen Scheinen, Karin ebenfalls, schließlich legte er eine 50-Euro-Note daneben, fand weitere Zwanziger, Karin einen Zehner. Sie schoben die Noten umeinander, so ließe es sich errechnen, einige Münzen als Trinkgeld hatte Karin bereit.

Dirk war den Händen des Kellners und den Händen seiner Mutter gefolgt, der Geldwechsel war schnell gegangen. Dirk hatte, wie von seiner Mutter gelernt, unabsichtlich mitzählen müssen. Vor dem Café, zum Abschied stehengeblieben, äußerte er den Verdacht: »Hat dir der Kellner zu viel herausgegeben?«

»So? Ach! Wahrscheinlich ist es richtig. Du bist ja dabei.«

»Es waren zwei braune fünfzig-Euro Scheine, die du aufgenommen hast, willst du nachsehen?«

Karin, weiter wie in einer Trance, belästigt und uninteressiert: »Was soll das?« Trotzdem holte sie ihr Etui aus der Tiefe ihrer Handtasche, zog mehrere Scheine so weit hervor, dass Format und Wert erkennbar wurden. Tatsächlich: zwei braune fünfzig-Euro-Scheine. Karin klappte die Brieftasche zu. »Also, für heute haben wir geredet, grüße Werner und Astrid, wenn sie kommt.« Sie reichte ihm die Hand.

Er nahm sie, hielt sie, musste noch einmal sprechen: »Willst du nicht? Ist es dir peinlich, soll ich für dich?«

Sie befreite sich von seiner Hand, drehte sich weg, war bereits auf ihrem Weg und sagte vor sich hin, spöttisch: »So ist es, wenn einer Fehler macht. Als Kellner kann er sich das nicht leisten. Er wird es lernen oder untergehen.«

Auf dem Weg zur Stadtbahn überlegte Dirk, ob er zurückgehen sollte, wie aber ohne die Scheine in der Hand, auf die es ankommen würde, ohne das falsche Wechselgeld, ohne soviel Bargeld überhaupt bei sich zu haben. Der schöne, große junge Mann, sicher ist es ein Aushilfsjob. Aber Dirk ging in demselben Schritt weiter, blieb im Bann des Geschehens.

Im Bahnhof erkannte er zur Rechten die Reihe der roten Kartenautomaten, umringt zu dieser Stunde von verschiedenen Gruppen, Rucksäcken, Plastiktaschen, auf dem Boden ein Hund auf einer Decke, jemand schlug an das Blech, er hörte Münzen klimpern, hielt nicht an. Die S-Bahn war wenig besetzt, Dirk hat einen Fensterplatz, keinen Nachbarn, kein Gegenüber. Er könnte nachdenken. Er kennt die Bahnhöfe. Beim Wechsel der Linien musste er hier durch eine verbindende Halle gehen, außerhalb des engeren Bahngebietes. Er sah noch einmal, jetzt zur Linken, die Reihe der Automaten. Es war wenig Betrieb hier, er wunderte sich darüber, eilte weiter und prallte gegen ein Hindernis, das stand oder sich gegen ihn bewegte, ein scharfes Rempeln. Die Frau schrie auf, griff nach abgestellten Tüten und riss sie hoch. Dirk gab eine missmutige Entschuldigung von sich, sah, dass die Frau, klein, rundlich, mit tief in den Hals gebundenem Kopftuch zur Seite ausgewichen war, nicht gefallen – und hastete weiter. Unruhe erreichte ihn bei der vorletzten Station. Sicherheitsdienst, drei Männer. Fahrscheinkontrolle? Er, der nie ohne Fahrkarte fuhr, begriff, dass er jetzt ohne Berechtigung fuhr, Transportbetrug – er, der Jurist! Der Zug fuhr an und er sah, dass die Sicherheitsgruppe zu den Gleisen in die Gegenrichtung blickte.

Seine Wohnung liegt nur zwei Häuserblocks entfernt. Hinter der letzten Kreuzung gibt es einen Zeitungskiosk und im Souterrain des Eckhauses einen türkischen Obst- und Gemüseladen, zwei steile Stufen führen hinab. Auf ebener Erde jedoch befinden sich die Holzgestelle, auf denen die Waren ausgebreitet liegen. Deutlich in der Mitte das Schild: keine Selbstbedienung. Dirk kannte den Laden. Recht atemlos und mit dem Nachklang, er hätte in der Bahn peinlich erwischt werden können, blieb er stehen, überblickte die Auslage, eine große, längliche, grüne, pralle, saftige Traubenrispe lag in einem weichen Papierbett. Er schob die Hand unter das Papier, das zu dünn war, um die jetzt in Bewegung gekommene Masse zu halten. Gefährlich schlenkerte sie an den Rändern seiner Handfläche. Er drückte sie leicht an die Brust und achtete auf die wiederholten Schwingungen, die von seinem Schritt ausgingen.

Plötzlich fühlte er sich roh an der Schulter gepackt, er presste sein Traubenpaket an sich, wendete sich um. »Du Dieb!«, hörte er hinter sich, blickte in ein bärtiges, durchfurchtes Gesicht. »Du Dieb!« Die Hand des Mannes krallte fest an seiner Schulter. Dirk kam zu sich, er kannte doch den Besitzer, den kleinen freundlichen Mann mit den immer glänzenden schwarzen Augen, befreite seine angefasste Schulter: »Nein, Sie kennen mich doch! Ich wohne hier. Ich kenne Sie!« – »Nix kennen, böser Dieb!«

Dirk begleitete den Mann zurück und die beiden Stufen hinunter, wo sich die Waage, die Kasse, ein Stapel zerrissener Zeitungen und Tüten zum Einkaufen befanden. Der Türke wog. Jetzt erkannte Dirk, dass er sich im Gesicht des Mannes geirrt hatte. Er sagte es, verwendete Wörter wie Irrtum, leider, Entschuldigung… Der Türke blieb stumm, die Waage hatte nach Maßgabe des Kilopreises 1 Euro und 80 Cent ausgerechnet. Dirk hatte einen Fünf-Euro-Schein. Er wollte das Wechselgeld nicht, nur weg hier, nahm seine inzwischen in eine braune Spitztüte gelegten Trauben und wollte hinaus.

»Nix Geld mehr von Dieb!«, sagte der Türke und blickte starr auf die Münzen des unangetasteten Wechselgelds.

Jetzt blickte Dirk zurück, starr wie der Türke, eine Vorstellung erreichte sein Bewusstsein, ein einziges Wort, gesprochen und wiederholt in der Frage: »Bruder?« Die Blicke lösten sich, die Gesichtsmuskeln formierten sich neu. Dirk: »Bruder. Sind Sie sein Bruder?« Die Beschwörung findet Wörter: »Ich kenne Ihren Bruder. Ich kaufe öfter hier ein, Mehmet, so heißt er doch!«

Zwei derbe Hände legten sich auf Dirks Arm. »Mehmet Onkel, guter Mensch, du sein Freund, ist im Krankenhaus, ich bin für ihn.«

Zuhause erinnerte sich Dirk nicht mehr, wie sie sich getrennt hatten. Gedacht hatte er: Auch der kämpft!

Mit Astrid

Dirk am Bahnsteig.

Astrid lachte, schüttelte den Kopf: »Du meinst meine Locken?« Sie griff sich von unten in die Haare, schüttelte noch einmal: »Du weißt nicht, wie lange ich daran sitze, föhne, aufbürste, das Spray zischt und stinkt.«

Unwillkürlich fasste er sich an die Stirn, kommentierte sofort: »Mit meinen Fransen ginge das nicht.«

Astrid bestätigte: »Bei Ralf war das anders, ihm hat sie eine Mähne vererbt und uns nur die Strähnen.« Wie um sich ihrer Locken zu vergewissern, schüttelte sie sie noch einmal, blickte dann hoch in den grauen Himmel: »Schau mich genauer an, bald ist es vorbei. Locken wie meine riechen den Regen.«

»Ich habe einen Schirm.«

»Würde nicht helfen, sie fallen schneller auseinander, als du es beobachten kannst. Seit wann bist du ohne Gips?«

»Drei Wochen. Entfernt, auf Nimmerwiedersehen.«

»Sicher? Und hinkst du?«

»Nicht richtig. Das rechte Bein kommt etwas spät.«

Astrid blieb einen Schritt zurück. »Sieht man kaum. Wie steht es mit Karin? Ich habe sie über ein halbes Jahr lang nicht gesehen. Läuft sie noch immer mit ihrem Kurzschnitt, dem Teppich, herum, als wolle sie ohne Badekappe zum Schwimmen?«

Oben, in der Ein-Viertel-Penthouse-Wohnung: »So sieht es also jetzt bei dir aus. Ich sage den Leuten, du hättest eine Dachwohnung, und sie meinen damit schräge Balken und Dunkelheit. Dabei thronst du in einem gläsernen Kasten, senkrechte Wände, von zwei Seiten Glas. Es sieht aus wie für einen Architekten, nicht mehr Vater-und-Mutter-Haus.«

Dirk hatte die bodenlangen Leinenvorhänge zugezogen und noch immer war eine schattenlose Helligkeit im Raum. Am Couchtisch, über Eck, sitzen die Geschwister einander nah gegenüber.

Dirk hatte seine Schwester mit gedecktem Tisch empfangen. Astrid wunderte sich: »Bist du nun in die Gastronomie geraten?«

Dirk wehrte ab: »Nein, auf der Speisekarte nur Ein-Teller-Gericht: Lammkoteletts in Marinade gelegt, ein Beutel mit Reis, Zwiebeln, Tomaten und eingelegte Paprikaschoten und Zaziki.« Er wollte seine Fortschritte anwenden, die er zu Zeiten des Gipsbeins von Fili erworben hatte: schärfer anbraten, länger dünsten, später würzen. »Dazu mein Hauswein: *Blanc de blancs* aus der Gascogne.« Zunächst aber musste er die Ereignisse mitteilen, mit Karin im Café, seinen Bericht über den jungen Kellner, die Geldwechselei mit »halbem Betrug«, wie er es juristisch mangelhaft ausgedrückt hatte.

Astrid unterbrach ihn: »Da war etwas Anderes, vor zwei Wochen, Samstag.«

Dirk berichtete, er habe Karin auf der Straße getroffen, sie hätten sich im Parkhaus gestritten wegen einparken und ausparken Er zögerte und unterließ es, ihr von seinem Hinunterrasen zu erzählen.

Astrid: »Nichts weiter?«

Dirk, unsicher, wie ertappt: »Nein, nichts anderes als sonst, ein paar Sprünge. Nichts ist passiert.«

Astrid versucht, ihr strähniges blondes Haar zu den Locken zu drehen, die am Abend längst aufgegeben haben. Mit gespreizten Fingern greift sie sich soviel Haar wie möglich, windet es, hebt es an, lässt es plötzlich los – es schwingt, fällt auseinander, die einzelnen Strähnen hängen wie zuvor: »Ich war im Einkaufszentrum, stand auf der Rolltreppe nach unten, still wie immer, unbeweglich, ohne Gedanken, die Einkaufstasche vor dem Bauch. Als ich unten war, setzte ich nicht zum Schritt an, die Stufen wurden vor mir flach und schoben mich. Ich stand noch immer wie mir schien, unverständlich lang. Dann tat ich auf dem flachen Boden einen Hüpfer und sah mich um, ob sich hinter mir Leute angehäuft hatten. Da war niemand. Ich dachte sofort, etwas war mit dir geschehen. Ich wartete einen weiteren Moment seitlich an der Rolltreppe und da entspannte ich mich plötzlich, wurde schwer, als ob ich ein wenig in den Boden sinke, fühlte es sicher: Es ist etwas mit ihm geschehen, aber kein Unfall.« Astrid, die den Kopf gesenkt hatte, blickte auf und sah Dirks gequältes, erstarrtes, bleiches Gesicht: »Was ist?«

»Eine Treppengeschichte, ja, aber wie keine andere sonst! Eine Raserei, drei Stockwerke hinab in diesem Parkhaus. Auf den eckigen Plattformen der Treppenabsätze, wo ich zum Stehen kommen sollte, um mich für den nächsten Abschnitt zu drehen, schlug ich gegen den rohen Beton, raffte mich auf, stürzte weiter. Am Ende hockte ich unten auf einem steinernen Bord. Zum Heulen zumute, ohne Tränen. – Ich kann es mit dem Springen nicht lassen.«

Astrid blieb unbesorgt: »Warum habe ich dich am Abend nicht angerufen? Warum hast du mich nicht erreichen wollen? Was geschehen war, galt nur für dich. Du hast gelitten und etwas erfahren. Ein Wissen: Etwas ist zu Ende gekommen. Etwas hat sich zerstört, was dich schädigte und im Bann hielt. Jetzt schiebst du es zur Seite, verabschiedest dich von dem, was sich dir aufgezwungen hat, das falsche Selbst, das Fremde, wir sagen ›das Introjekt‹, und findest dich wieder in einem veränderten Selbst.«

Die Geschwister waren später wieder in die Familienthemen geraten, die Rettung der Mutter als Kleinkind. Dirk hatte Karins Bericht ausführlich wiedergegeben. Astrid war nicht so beeindruckt, wie er erwartet hatte, sie kenne die Überlebensgeschichten ihrer Mutter. Auch Dirk zweifelte inzwischen an Karins Darstellung: »Das hat sie nicht allein vollbracht. Sie ist als noch nicht Dreijährige nicht einfach so über die Köpfe der Menge gekrabbelt, da gab es auch ausgestreckte oder vorwärts schiebende Arme, ein Zupacken, damit das Kind nicht abrutscht und erdrückt wird. Wahrscheinlich spürte im Waggon eine Frau, wie da ein Kind um sein Leben kämpfte, hob es hoch und sprach mit ihm.«

Astrid: »Wie es auch gewesen war. Für Karin entstand ein Mythos. Ihr genügte der Anlass, die Szene, sie brauchte nur einen Teil der Wirklichkeit. Für den Dauergebrauch im Alltag und für Notzeiten hatte sie mit ihrem Mythos einen Talisman für ihr Überleben. Für Rüdiger, vermute ich, war sie die angebetete junge, kecke Frau, und immer die Allesgeliebte vom Vater, Carl-Joachim, seht her: ›Die Pädagogin, meine Tochter, meine Enkel!‹«

»Das klingt so, als habe es für uns auch eine gute Zeit gegeben.«

Astrid zögerte: »Schön wäre es, sicher bin ich nicht. Ich meine, Ralf, der Große, war sein Herzblatt und mehr als einen konnte er nicht mit sich, neben, unter sich lassen, brauchte er nicht.«

»Du warst die Erste, die ins Internat wollte. Ich habe es dir nachgemacht, ich wusste nichts besseres damals, Karin war sofort einverstanden.«

Astrid zögerte wieder, antwortete lauter als sonst: »Kinder wollen nicht freiwillig in Internate.«

»Alle?«

»Nur die, die ahnen, dass sie bereits abgegeben sind. Abgeschoben.«

»Und Clara?«

»Sicher, unsere Großmutter war da und Karin sagte, sie sei gütig und aufmerksam für uns alle. Aber ich fühlte, sie kränkelte seit langem und konnte mit uns wenig anfangen, sprach kaum. Sie war schwach, sanft und antwortete auf die Frage, wie es ihr gehe mit ihrem: ›… man lebt.‹ Wenn sie von der Szene im Krieg und von Hertha sprach, die gelegentlich bei uns auftauchte, war auch ich gerührt und gleichzeitig verärgert, hatte etwas gegen sie. Wenn unsere Mutter bei ihrem Vater war, aufgeregt und behände – sie hatten ständig etwas Bedeutendes zu besprechen – und wenn Clara und ich zufällig vorbeikamen, meinte ich, Clara ducke sich, zöge sich in sich hinein, das silberne Kreuz auf ihrer Seidenbluse würde größer. Kennst du die Sache mit dem Foto?«

Dirk verneinte.

»Es wurden alte Fotos herumgereicht, irgendwann nach Weihnachten, viele aus der Familie waren da. Irrtümlich war auch ein Foto von Clara dabei, auch schwarz-weiß und sie steif und altmodisch. Karin wollte es rasch wegnehmen, doch unser Herr Konsul verlangte danach und griff es sich. Er betrachtete es lange. ›Gib her!‹, sagte Karin. Er hielt es fest, Clara hatte nichts mitbekommen und er nickte dann und sagte leise: ›Mathilde.‹ Ich sah, wen er sah, nicht seine Frau Clara, sondern seine Mutter, längst verstorben und selten erwähnt. Mir kam damals die Familiengeschichte in den Sinn, die evangelische Mission, schwarze Bibeln, schwarze Kleider, die gescheitelte Frisur, sorgfältig und gerecht von der Mitte nach rechts und nach links unter die Ohren hinabgekämmt und nach hinten gebunden. Ich konnte mir nie vorstellen, dass Mathilde mit Clara als Kind herumgetollt ist oder sie geherzt hat. Es klang, als ob Carl-Joachim seine spätere Frau wie das unschuldige Kind einer sündigen Missionsfrau aufgenommen hatte und sich lebenslang auf seine Wohltat berief. Clara lebte in der Familie weniger als Ehefrau denn als eine Haushälterin, die bescheiden das Silber bewacht. Du und ich, wir sind die Abgegebenen gewesen, Herr Honorarkonsul herrschte. Als der Herr in Ehren gestorben war und bald nach Ralfs Unfall, blieb Karin nichts als die Arbeit. Mit uns fing sie nicht neu an, sie spürte, dass wir draußen waren und draußen blieben.«

Dirk hatte sehr genau zugehört: »Woher hast Du diese Beurteilungen unserer Familie?«

Astrid zögerte: »Ich habe in meiner Analyse einiges entdeckt und es mir vorerst so zusammen gereimt.«

Beim Abräumen ihrer Abendtafel, als Dirk die Bestecke zusammen auf einen leeren Teller gelegt hatte, stutzte Astrid, nahm zwei Gabeln, wog sie in je einer Hand: »Was ist mit deinem Besteck?«

»Wieso?«

»Die Gabeln wiegen verschieden. Sie passen nicht zusammen.« Sie verglich die Griffenden der Gabeln, die leichten Mulden, in die Monogramme eingraviert sind. Sie begriff sofort: »Da sind verschiedene Monogramme, eingravierte Familienwappen oder ornamentale Schriftzüge, wo hast du die Gabeln her?«

»Sie lagen wohl bei meinen Sachen, als ich auszog. Wohl von Claras Silber, oder Rüdiger hat es angeschafft, was unwahrscheinlich ist, also eher von Karin.«

Astrid, die sich in die Betrachtung der verschiedenen, ineinander verschlungenen Anfangsbuchstaben vertiefte: »Bei dir sind sie also gelandet: Ich wollte sie nicht haben. Karin hatte sie mir aufgeschwätzt, voller Erregung: ›Nimm sie mit, fort von hier!‹ Noch zur Zeit der Festempfänge für den U-Boot-Mann, der Ehrendiners, fing es an. Auch wir gaben Einladungen und hatten angeblich zu wenig Tischdecken, Gläser, Geschirr. Ich erinnere mich an die samtbezogenen Liegekästen für Bestecke. Einige Rillen blieben leer. Karin war manchmal wie beglückt von kleinen Geschenken, in Stoffservietten verpackt. Sie kam öfter damit nach Hause. Ahnst du, was das bedeutete?«

»Ich habe von Leuten gehört, die alte Bestecke sammeln, auch verschenken.«

»Ja, aber so wird es nicht gewesen sein«, sagte Astrid. »Ich räume jetzt den Tisch ab und du bringst die Schublade mit deinen Bestecken und leerst sie aus.«

Neben Salatbestecken aus Plastik, Essstäbchen in geflochtenen Scheiden, Messerchen mit Elfenbeingriff und mit einem Gummi gebündelte Eierlöffel leuchtete viel Silber. Es klirrte laut, als Dirk die Schublade zur Seite kippte.

»So viel Zeug«, rief Astrid und begann sofort zu vergleichen und passende Monogramme nebeneinanderzulegen.

Dirk starrte uninteressiert auf die matt glänzenden Objekte. Es ergaben sich fünf, sechs, bald sieben Serien, bald doppelte Gabeln und fehlende Messer.

»Das soll ihr alles geschenkt worden sein?«, fragte Dirk.

»Nein, jetzt ist es bewiesen. Das war kein Sammeln, das war Stehlen, das war Haben-Müssen, ›mein Recht‹. Jemand muss das herausbekommen haben und das Zeug sollte aus dem Haus. Mir hat sie es eingepackt und jetzt auch dir. Kaum bin ich hier, noch nicht einmal im Vater-und-Mutter-Haus, da entdeckt man die Lügen.« Astrid schüttelte ihre vergeblichen Locken, inzwischen unsichtbar schlaff, griff sich in die langen Strähnen, die ihre letzte Sprungkraft verloren hatten.

Dirk hatte sich bei der aufgeregten Befassung Astrids mit den Silberbestecken zunehmend gelangweilt, er beobachtete seine große Schwester und überlegte, ob er für Astrid einen Spitznamen hatte, sie verneinte: »Du hast spät gesprochen, hatte Karin mir gesagt, ich weiß nur, dass du immer ›Astrid‹ sagtest. Es war Ralf, der mich gepikst hat mit Assi, Aas und ich ihn rückbeschimpfte mit: ›Ich bin der Trumpf, das Ass, damit du es weißt!‹«

Dirk: »Wie kam ich zu den blauen Flecken und zu dem Tamtam mit der Bindegewebsschwäche und den Ärzten?«

»Verstanden habe ich es nicht, ich war fünf oder sechs. Karin wich dir aus, wenn sie dich rennen sah, es wirkte wie ein Fangespiel, aber für dich war es nicht so, sie lachte, aber erst nach fünf Runden um unsere offen stehenden Türen, der Rundlauf, du erinnerst dich?«

»Ich erinnere mich nicht.«

»Am Ende hocktest du doch auf ihrem Schoß und hast gejauchzt. Nur Ralf tat so, als widere es ihn an. Zwischendurch hast du dich an Türkanten und Stuhlbeinen gestoßen, das machte dir nichts. Anderentags die blauen Flecke, ich habe sie untersucht, leicht darübergestrichen, du hast nicht geweint. Du wolltest das Rennen nicht aufgeben. Wenn du müde warst oder es dir doch wehgetan hat, hast du die Beine angezogen und lange deine Knie berochen. ›Hör' auf damit!‹ Du hörtest nicht auf. Das ging lange so weiter. Karin ging es auf die Nerven und dann ist sie mit dir zum Kinderarzt. Die Untersuchungen von heute gab es damals wahrscheinlich auch: Gerinnungszeiten des Blutes, vermutete Gewebeschwäche, motorische Tests, Untersuchungen zur Feinmotorik und entwicklungspsychologische Störungen. Alles in der Norm. Karin sagte mir später, als du schon ins Internat kamst, deine IQ-Werte seien mitbestimmt worden und seien außergewöhnlich hoch. Das fand sie in Ordnung.«

»Hatte sie damals irgendeine Ahnung, dass Ralf die genetische Störung der Cholesterinbildung hatte?«

»Nein, sie war wie vor den Kopf gestoßen. Da war sie wie in Trance, du solltest dich erinnern, wie es wochenlang nur um Ralf ging. Aber sie war allein damit, Werner oft auf Dienstreisen, zunächst bei dem Konzern in Düsseldorf und nur am Wochenende da.«

»Wie war Werner zu dir und mir, bevor wir in die Schule kamen?«

»Erinnerst du dich nicht, wir spielten mit ihm Werner-Bär, Wernär-Bär. Ich kletterte auf ihm herum, immer mit Vorsprung, und du hinterher. Aber Karin wollte das nicht, keine Schmuserei und keine Küsschen, Werner hat dich dann hochgehoben, abgesetzt und du bist weggelaufen – zu deiner Mutter. Hattest du keinen Schmusebär damals, fürs Bett?«

»Ich erinnere mich nicht.«

»Als du in die Schule kommen solltest und ich Hausaufgaben machte, hat Karin oft mittags Hefte aus ihrer Schule korrigiert. Da durftest du auf ihren Schoß, aber unter einer Bedingung: Du musstest zählen. Von eins bis zwanzig und dann zurück, es dauerte ewig. Dann kamst du aus dem Takt, hast nur noch Zahlen hingequatscht und sie hat es zunächst nicht gemerkt und weiter korrigiert. Wenn sie begriff, sagte sie ›halt!!‹, hat eine Zahl genannt und von da an, ›aber richtig‹, ging es weiter, rauf oder runter. Du zähltest und zähltest. Wenn du nicht mehr zähltest, war Schluss mit dem Schoß.«

»Deshalb war es für mich so langweilig in der Schule im Rechnen, das konnte ich alles.«

»Es war selbstverständlich für Karin, dass du Einser hattest. Aber sie hat sich nicht gefreut. Solange du auf dem Schoß warst, ließ sie dir keine Ruhe. Du sagtest unendlich lange verrückte Zahlen, bis dir nichts mehr einfiel. Dann sagte sie: ›Aus!!‹, und du wurdest stumm und als dir die Stimme wiederkam, hörte man von dir ein klägliches: ›Mehr!‹«

Zum Frühstück sah er Astrid ohne Locken, die Haare aus der Stirn gestrichen und am Hinterkopf zu einem buschigen Stummelschwanz gebunden: »Du siehst, ich bin wieder Studentin Im Übrigen ist die Liege hart und gut. Loben muss ich diese Vorhänge. Die Nacht über wurde es nie dunkel, gleichmäßig kam das Licht aus der Stadt, ein helles Braun, und heute früh, mit der Sonne, wird es gebremst und gefiltert durch die Textur, dem Designer sei Dank.«

»Ich werde es ausrichten«, sagte Dirk, der sich etwas schwer im Kopf fühlte und sich verabredungsgemäß zum Brötchengang bequemte.

»Du hast gestern Abend gefragt, wie das aussieht mit der Therapie, ob in der Klinik oder in eigener Praxis. Also, ich habe eine staatliche Approbation, bin Psychotherapeutin, tiefenpsychologisch, das weißt du und das hat den Ärger mit Karin gegeben, lang ist's her. Man macht sich selbstständig, sucht nach einem Kassensitz, den man kaufen muss. Eine kleine Chance habe ich an der Uni, wenn ich promoviere.«

»Da bist du jetzt?«

»Ja, und erst einmal muss ich lachen, wenn ich mir ausmale: Wir kommen von Afrika nicht los. Wenn du zu Grossmann & Meyer gehst, die Aluminiumkonzerne in Nigeria vertreten, bist du dort. Werner hört nicht auf, seine Großraumbüros einzurichten, ob eines abbrennt oder ausgeraubt wird und Karin hängt weiter an der Vergangenheit und dem großen Kolonisator.«

»Und du?«

»Also, die Uni hat projektbezogen eine Flüchtlingsambulanz eingerichtet, an der Psychiatrie, eine Auffangeinrichtung für schwerkranke Patienten, Folteropfer, Missbrauchsopfer, in psychotischen Zuständen, oft mit nicht diagnostizierten inneren Krankheiten und Verletzungen. Diese Patienten irren in den sozialen Einrichtungen herum, kommen nicht an die Fachärzte, die sie brauchen, auch nicht zu Beratungen und Therapien.«

»Wo kommen die Menschen her?«

»Du kennst es aus den Nachrichten. Aus dem Sudan, vorwiegend aus der Region Darfur.[3] Ich bin bei einer kenianischen Ärztin, Miriam Ngpo, einer Christin, sie spricht Arabisch und versteht einige Dialekte. Ich bin zurzeit die psychologische Koordinatorin, mache den Papierkram, Telefonate, vor allem Überweisungen, führe Gespräche mit Doktoren, in manchen Praxen sträubt man sich, macht Ausflüchte, man wisse nicht, ob…, man fürchtet Meldepflichten an das Gesundheitsamt, redet von Ansteckungsgefahren. Was du nicht ahnst, ist, ich lerne ein wenig Urdu, auch Suaheli, und wenn wir Patientinnen aus Westafrika haben, lachen sie mich an, ganz eindringlich, als verstünden sie mich. Oft rede ich, wenn jemand bei mir ist und wir warten, einfach in Englisch, verstanden wird wenig. Man nennt es emotionale Versorgung und tut beiden gut. Das also ist mein Blick in das Furchtbare, von einem gesicherten Posten. Ich ertrage das gut, wahrscheinlich weil es mich nur wie ein Film durchzieht und ich weiß, dass er endet. Ich bin froh, dieses Wochenende hier zu sein, unerreichbar.«

Am frühen Sonntagabend begleitete Dirk Astrid zum Bahnhof. An Gleis elf leuchtete die Anzeige: ICE 212, 45 Minuten Verspätung. Sie teilten beide die Ansicht, in der Warteposition auf Bahnhöfen hänge man an der Uhr und rede nur Stuss, jeder möge sich auf seinen Weg machen. Dazu aber fehlte der ausgesprochene Entschluss. Im Ergebnis saßen sie in dem zur Bahnhofshalle hin offenen Café in der zweiten Tischreihe, mit Blick in die sich verschiebenden Kulissen, Anzeigentafeln und Passantenströme, zu aufdringlich, um von ihnen nicht angezogen zu werden, zu schnell, um an einem Eindruck zu haften.

---

[3] Es geht hier um die politische Situation im Sudan im Jahre 2002.

Nach den langen Aussprachen über seine und seiner Schwester Kindheitserfahrungen hatte er ihr anvertraut, wie sich Susanne, seine langjährige Freundin, nach dem missglückten Fahrradausflug von ihm getrennt hatte. Astrid hatte ihm in einer Weise geantwortet, die ihm fremd vorkam, doch richtig schien, eine Erklärung, die ihm, wenn auch nicht ganz, einleuchtete, so ihn doch berührte. Dirk spürte, wie sich Astrid von den gemeinsamen Gedanken löste, sich auf die Reise begab und er etwas verlor, was er festhalten wollte.

»Was ist?«, fragte sie.

»Ich fürchte, ich vergesse, was du mir gesagt hast.«

Astrid: »Das ist so, am Anfang. Es kommt wieder. Was quält dich?«

» dass ich so abhängig war, immer auf den Schoß und dort zählen, damit ich bleiben kann.«

»Dein Zählen war auch deine Leistung, ein Kompromiss.«

»Aber dieses ›mehr‹, ›noch mehr‹, ›noch länger‹ klingt elend, ausgeliefert.«

»Und jetzt möchtest du einmal der sein, der Macho, der Recht hat, zwar ohne Schoß, aber mit dem Wissen über die Markierungen, die Wege, die Wiesen, die Abkürzungen. Nur, Susanne ist nicht Karin. Die alten Abhängigkeiten gibt es nicht mehr wirklich. Aber du warst geübt darin und Karin war es noch mehr mit ihrem Vater. Das wirkt, das ist verhakt und braucht Einsicht und Jahre, es zu lösen. Doch: Zählen können, den Schoß erobern und beim Zählen den Schoß zu behalten, das war dein Erfolg. Jetzt sagt Susanne ›Nein‹ zu solchen Programmen und du weißt nicht weiter.«

Dirk stimmte zu und widersprach: »Wenn wir reden, Susanne und ich, höre ich ihre Argumente, verstehe, was sie meint, rede, was ich meine, das klappt fast immer. Dann aber kriege ich zu hören: ›Du redest nicht mit mir, sondern in mich hinein, ich fühle mich hinterher beengt, habe nichts bekommen, bin weniger ich selbst als früher.‹ Was verstehe ich nicht?«

»Zu erklären ist es leichter, als du denkst, zu verändern schwieriger. Wir sind beide Kinder unserer Mutter, die immer sagte, was sie wollte, die immer verlangte, was sie wollte, die immer wollte. Das ist in uns, wir verwenden es, auch wenn wir es nicht wollen. Es ist ein fremdes Gift, aber es gehört uns. Ich bin auch die Tochter meiner Mutter. Immer ungeduldig mit meinen Afrikanerinnen, suche Lösungen, dränge sie auf. Wenn sie nicht verstehen und lachen, bin ich enttäuscht.«

Dirk, es ist sein Blick auf die Bahnhofsuhr, die vorgerückt ist, wollte eine einzige, drängende Frage loswerden: »Im Bett mit Susanne bin ich erleichtert, wenn ›alles‹ geklappt hat und sie sagte auch, sie möge es. Was kann da fehlen?«

Astrid hatte zögernd gesagt, das klinge wie eine Aufgabe, die erledigt wird, ohne Himmel und Hölle.

Dirk: »Ist das bei dir immer okay?«

Astrid antwortete vorsichtig und unbefangen: »Bei mir? Ich glaube, ich probiere mich aus, so oder so, ich verliebe mich nicht total, vermutlich bin ich neugieriger als du, bin schon länger weg von zuhause, habe den Psychoberuf und meine Analyse. Ich bin sehr früh ausgestiegen, bin nicht gerannt und habe nicht gebettelt, ich wollte nicht wie du sein müssen. Wahrscheinlich gab mir das Eigenes und Kraft.« Schließlich: »Sag Karin auch, dass du die Herkunft der Monogramme auf den Bestecken untersuchst, ein ermittelnder Staatsanwalt. Eine neue Rolle! Sie soll wissen, dass du weißt. Auch die Szenen vom Einladen zum Ausladen und dem falschen Wechselgeld. Ihr arbeitet euch heraus aus dem Verschweigen, der Schuld und der Abhängigkeit.«

Der Zug wurde bereitgestellt. Sie waren entlang der Wagen zu der gebuchten Nummer gegangen und am Einstieg dann, obwohl im Blick und kurz umarmt, empfand Dirk, sie seien bereits einige Augenblicke früher getrennt worden, Astrids Gesicht wie von einer großen Anstrengung erschöpft, in sich zurückgenommen und von ihm entfernt.

Auf dem Weg zu seinem Apartment, Fußgänger unter Fußgängern, erinnerte sich Dirk, wie Astrid gestern Abend sehr ernst, als habe es auch mit ihr zu tun, gesagt hatte: »Springen macht traurig.« Es war keine Frage gewesen und er hatte nicht geantwortet. Jetzt sucht er nach einer Formulierung, dies zu verstehen: Nicht herauskommen, zu kurz fliegen, wiederholen müssen, auf der Stelle treten.

Susanne

Mittwochnachmittag. Dirk in seinem Appartment. Keine Verpflichtungen im Gericht. Am frühen Abend wird das durch die wandgroßen Vorhangflächen mild gefilterte Tageslicht durch hellere, gelbliche Tönungen des Stadtlichts ersetzt. Der Anruf, im Display die bekannte Nummer. Er hob ab und legte auf, keine Nachricht für die Mutter, keine Mitteilungen für sie auf dem Anrufbeantworter. Ein kleiner Stapel der *Neuen Juristischen Wochenschrift* lag ungelesen vor ihm. Er wollte nachsehen, ob eine neue Entscheidung des EuGH unter den Artikeln ist. Anstatt das obere Heft aufzublättern, schob er die Hefte ein wenig zurück und brachte sie mit den Zeigefingern beider Hände längs und quer auf die perfekte Ordnung übereinander. Das gelang nicht vollkommen, weil eines der Deckblätter der Hefte, wahrscheinlich nass geworden, sich gewellt hatte. Er würde es aussprechen können, für sich selbst: Es ist meine Stunde. Die Stunde für mich. Keine Arbeitsstunde. Aber darin fehlt etwas. Was fehlt? Er nahm das Telefon aus dem Ständer und wählte Astrid an. Von dort meldete sich der Anrufbeantworter. Er wusste jetzt, er will nicht sich hören, sondern von Astrid hören, eine Begleitung, eine weibliche Zufuhr. Das letzte Wochenende kehrte zurück. Was bedeutete es, wenn Astrid sagte: »Wir sind auch die Kinder unserer Mutter? Ich bin zu schnell bei den Afrikanerinnen mit meinen Vorschlägen, mache Druck, sie zu Ämtern und Ärzten zu bringen«?

Was hatte Susanne in dem Brief geschrieben, die Begründung, warum sie im letzten Jahr unseren gemeinsamen Urlaub abgesagt hatte? Es war wegen der Fahrradtour gewesen, darauf hatte sie sich festgelegt, eigentlich blödsinnig, er hatte den Brief einmal durchgerissen und ihn schließlich doch aus dem Papierkorb geangelt. Er fand die beiden Teile im Terminkalender des letzten Jahres. Da der Riss senkrecht verlief und die Zeilen beim Lesen sich verschoben, griff er nach der Rolle durchsichtigen Klebebands, die vor ihm auf der länglichen Schale für Schreibutensilien lag.

Lieber Dirk,
wir waren stehen geblieben, hatten die Räder in die Wiese mehr geworfen als gelegt, ich hatte begonnen, armschwenkend und mit Zeigefingern zu erklären, was du falsch, was ich richtig erkannt hatte. Die Umweltkarte West bot Ausflüglern gut markierte Fahrradwege, um zum Naturschutzgebiet mit dem Wäldchen und dem kleinen See zu kommen. Es gab keinen direkten Weg, aber eindeutige Bezeichnungen wie Feldweg 79 und Feldweg 91. Man musste zwar in rechten Winkeln Umwege fahren, das störte nicht weiter, der Raps stand in gelber Blüte, Zeit war genug. Als einer dieser Wege zwar eingezeichnet, inzwischen aber – wie alt war die Karte? – mit Zäunen verschlossen war, mussten wir quer über die nächste offene Wiese schieben, um die Richtung einzuhalten. Ich wurde unruhig, blieb stehen, du drängtest weiter. Wir zerrten die Räder über buckliges Gelände. Du hattest darauf bestanden, wegen des jetzt wellenförmigen Geländes ganz nah an unserem Ziel zu sein, auf die Endmoränen verwiesen, jetzt bewaldet und dahinter der Teich. Wir kamen in Gestrüpp, stießen dann auf einen Fußpfad, ununterscheidbar jedoch, ob er nach links oder rechts zu unserem Ziel führte. Du hast ohne Zögern – für uns beide! – entschieden: rechts ist richtig! Du hast nicht einmal gehört, als ich sagte, das Tempo halte ich nicht aus. Ich schleppe mich nicht so weiter, atemlos bin ich hinter dir hergezogen. Als schließlich der Teich durch den dünnen Kiefernwald schimmerte, hast du dich witzlos gebrüstet: natürlich sind wir angekommen!

Heute nahm Dirk die Gespräche hinzu, Erinnerungen aus den vielen kurzen Szenen, in denen Susanne sich, wie er empfand, aufschaukelte, was zu Behauptungen führte, die ihm im Augenblick einleuchteten und sofort vergessen zu werden schienen: »Du nimmst mir mehr, als du mir gibst. Im Ergebnis wird immer deine Vorstellung verwirklicht. Solange du sprichst, ist das überlegt und sinnvoll, vielleicht richtig oder falsch. Für dich ist es dann im Ergebnis immer richtig und ich fühle mich, wenn ich anderes sage, zurückgewiesen. Nicht einmal grob. Du bist nicht grob. Nur die Stimme wird schärfer, du machst keine Pausen mehr, in die ich hineinkomme! Ich bleibe immer bezogen auf dich. Ich will aber auch draußen sein, ohne dich, nur für mich, selbst denken, fühlen, richtig allein sein.«

Er hatte sich gerechtfertigt, ihr auch geschrieben. Sie hatten sich geeinigt, dass er ihre Wünsche respektiere, auf sie eingehe, dass sie spüre, wie er sich um sie mühe, und doch sei es so: »Wenn wir etwas erlebt haben, ist es für dich, wie mir scheint, vorbei, abgebucht, Sightseeing gewesen. Du bist dadurch nicht angereicherter, fröhlicher, neugieriger, trauriger. Pause, nur Pause. Du siehst mich an, als sagtest du: ›Was machen wir jetzt?‹

Als du in dein Penthouse umgezogen bist, warst du ganz begeistert. Ich könnte bei dir einziehen. Die Wohnung sei viel größer, als sie an Quadratmeter hergebe, es sei Raum genug für uns zwei, so viele ›leere Stellen‹, hast du gesagt, glaube ich, ›du kannst sie füllen wie du willst‹. Ich wollte nicht böse werden, aber ich dachte, bin ich ein Beistelltisch, ein gewechseltes Bild an der Wand. Sollte ich ein gut versorgtes Haustier werden? Du hast auf das Bett verwiesen, ich hätte das immer gemocht. Richtig, sagte ich, in dein Bett schlüpfe ich gern, so gelegentlich, wenn mir danach ist. Sicher, du bist rücksichtsvoll und dann muss es schnell gehen. Ich beeile mich, komme kaum nach. Ich wäre gern länger bei dir und du sagst, anders gehe es nicht und es sei doch normal. Also bin ich zu langsam und wir kriegen es nicht hin, wie bei der Fahrradtour.«

Die Dame Dagmar mischt sich in seine Vorstellungen ein, besitzt ihn, Cinque Terre, der Eisball und die Lüste. Mit Dagmar, da war ich lange von ihr festgehalten, umschlossen, sie sagte zu mir »sei still«, dabei keuche ich nicht, »sei ruhig, halte es aus«. So blieb ich in ihr und danach meinte sie, ich hätte bisher nur schlechten Sex gehabt. Bei ihr sei es anders und – Dirks ärgerliche Geste schnippte seine Zeitungen weiter von sich – sie hat es bewiesen. Störte meine Hast und mein Drängeln, dass ich es nicht aushielte, den guten Sex, in dem man lange lebt? Hatte Astrid nicht etwas von Himmel und Hölle gefaselt? Hatte der Dr. Pangratz-Pongratz das nicht auch erwähnt, »ob sich bei Ihnen die Erregung überstürze«?‹ Bei meinen Spielchen bin ich ruhiger, teile mir die Zeit zu. Ist das kein Sex?

In diesem Brief hatte Susanne auch geschrieben, sie wisse oft selbst nicht, wohin sie wolle. Sie hatte ihm versichert, wie sehr sie ihn schätze: Du bist ein Mann zum Heiraten und Kinderkriegen, wirklich. Dort bin ich jetzt nicht.

Kamerun

Über Mail hatte Werner vor seiner Abreise nach Lagos Dirk noch einmal darauf hingewiesen: »Im Keller liegen Umzugskisten und Koffer, Sachen von deinem Großvater. Wenn du dich daran machst, Wertvolles ist sicher nicht mehr dabei, erfährst du mehr über seine Geschichte und auch über die Karins.« Von Astrid gab es den Wunsch, Dirk möge nach ihrer »ersten Maus« suchen, oben in ihrem Kinderzimmer im Geheimfach des leergeräumten Sekretärs. Werner hatte früher auch öfter erwähnt: »Als Astrid und du klein wart, da habt ihr auch große Augen gemacht über all die Kolonialsachen bei ihm und seine großen Geschichten, die ihr als Abenteuer wohl verstanden habt. Nur Ralf war vor euch da, vier Jahre älter als du, und du hattest keine Chance Später, natürlich, durch die Schule habt ihr euch über die Kolonialisierung empört und du hattest einmal sogar einen Wutanfall, als ich darauf bestanden hatte, der Sklavenhandel habe in arabischen und schwarzafrikanischen Händen gelegen und es habe ihn, Stamm gegen Stamm bis zur Vernichtung, bereits vor den Portugiesen gegeben. Die Engländer waren es, die die Sklaverei in Afrika verboten. Deine Logik damals, mit den Sklaven könnten die Europäer keine Geschäfte machen, die brauchten ›richtige‹ Arbeiter, um sie dann ausbeuten zu können. Ihr, du und Astrid, fühltet euch als die armen, unterdrückten, revoltierenden Sklaven – und der Großvater hatte seinen Ralf.«

Die Stufen zum Keller wiesen steil hinab. Dirk spürte, wie seine Gelenke sorgfältig die Abstände abtasteten, bevor er den Fuß aufsetzte und stand. Sicherheitshalber glitt die rechte Hand am Geländer hinab, unmöglich hätte er das mit dem Gipsbein geschafft. Unten: Holzkisten, Koffer, Kartons, alle sorgfältig in der entferntesten Ecke gestapelt, leer. Allein Stapel von kleinformatigen Zeitschriften lagen auf dem Boden, verschnürte Jahrgänge: Mitteilungen des Missionsvereins ab 1896, auch Einzelhefte *Unsere Schutztruppe*, dazwischen oft nur doppelte Pappen mit dem eingeprägten finsteren Adler des Deutschen Reiches, die Inhalte beseitigt. Ein verfranzter dicker Katalog über Orden und Ehrenzeichen, darunter ein flaches, ovales, innen samtschwarzes Etui, leer. Er öffnete einen liegenden Koffer, die Schnappverschlüsse klickten hell auf, in Zeitungspapier gepackte Teile. Er glättete verknäultes Papier, bis er eine Jahreszahl findet, 1955. Schließlich rollten ihm Schrauben, Muttern, metallene Verbindungsstücke über die Hände, er griff nach einem flacheren Paket und erkannte Teile aus einem U-Boot-Modellbaukasten, einschließlich vorgefertigter Sperrholzplättchen, Leitungen, kleinen Glühbirnen, Werkzeug. Er erinnerte sich: Ralfs Spielzeug!

Wieder Stapel von Papieren: Baupläne, Anleitungen, vergilbte Deckblätter von Zeitschriften. Er liest *Der Deutsche Ingenieur, Fachzeitschrift für Entwickler und Konstrukteure*, mehr als Fetzen sind das nicht, das Hakenkreuz immer gegenwärtig. Dahinter, in einer dünnen großformatigen Mappe ein Bild, das er sofort erkennt. Es ist das monochrome, braun getönte, nicht kolorierte originale Foto von oben aus dem Salon. Er dreht es um. In einer spitzen dünnen scharfen Handschrift, perfekt zu lesen: *Savanne am Kamerun-Berg mit Hütten und Negern 1895.* Beim Öffnen der Mappe ist zwischen ihr und der Kellerwand etwas zu Boden gerutscht. Dirk greift in die Dunkelheit, es entgleitet ihm, er packt fester zu und hält ein hartes, längliches Objekt in den Händen, das wie ein großes Brillenetui aussieht. Von beiden Seiten ist es von einem karierten, an den Kanten brüchigen Wachstuch bezogen.

Oben, am leergeräumten riesigen Esstisch, der vor gar nicht so langer Zeit die Bücher und Unterlagen für seine Dissertation und gleichzeitig die Utensilien für vielköpfige Mahlzeiten beherbergen konnte, der Mobilisator an seiner Längskante, stach

Dirk das Etui mit der Messerspitze an einer Ecke auf und führte die Schneide der Länge entlang – ersichtlich ein Schatz.

Wieder Papiere, aber welche!

»Bevollmächtigung des Herrn Paul Fürchtegott Hallstadt, Kolonisator, an beiden Ufern des Flusses Cameroun bis zur Mündung Handel auszuüben und dort selbst eine feste Niederlassung zu begründen, 1888.« Die Jahreszahl brachte Dirk auf die Suche nach dem Urgroßvater, schon damals ein betuchter Handelsherr aus Kiel oder Lübeck? Darunter eine aus der Zeitschrift *Schutztruppe* ausgerissene »allgemeine Mitteilung, 60 Eingeborene zur Aushebung eines Sicherheitswalls, um die Anlagenstelle samt Lager und Hütten überstellt zu haben.«

Dirk öffnete ein vielfach gefaltetes Dokument: »Der Reichskommissar für die westafrikanische Küste bestätigt Inbesitznahmerechte bei der weiteren Erschließung des Nordwestens« mit einem quer über die Urkunde gedruckter Stempel mit den Reichsfarben und dem Adler. Angeklebt, doch ablösbar ein verknäulter Abriss, offensichtlich die Bestätigung eines Abonnements für die Zeitschrift *Basler Mission*. Auch ausgerissene Briefköpfe mit den Namen und Anschriften der Handelshäuser C. Wöhrmann, von Wölber & Brohm.

Dirk entfaltete ein brüchiges Dokument, so etwas wie Ausführungsbestimmungen für die »Landnahme«, die Berechtigung zur »Flaggenhissung«. Der Folgetext ist umständlich, doch eindeutig genug: In kolonial nicht erfassten Gebieten genüge die erstmalige Flaggenhissung eines europäischen Staates, um den Eingeborenen mitzuteilen, dass sie, wie es hier konkret hieß, »in diesem Protektorat unter reichsdeutscher Jurisdiktion« stünden. Nach Möglichkeit solle mit den jeweiligen Stammesältesten ein Abkommen getroffen werden. Formulare beigeheftet (nicht erhalten). Wenn keine Arbeitskräfte freiwillig geliefert werden, sind Zwangsrekrutierungen vorzunehmen. Dirk wusste das von Mutter und Großvater, ihr Stolz, als hätten sie es eigenhändig geschaffen. »Alles musste gebaut werden, die Eisenbahn, die Straßen, die Anlegestellen, die Wohnhäuser für die Handelsbeauftragten und Kolonisten.« Sofern die Eingeborenen ihre Siedlungen nicht verlassen haben und eine freiwillige Verpflichtung zur Arbeitsleistung nicht zustande kommt, genügte es, eine rote Fahne zusätzlich zu hissen. Das bedeutete eine Kriegserklärung und das Zivilrecht war bis auf weiteres ausgesetzt. »Der Schutztruppe ist Nachricht zu geben!«

Überraschend, wie viel bedrucktes Papier in die gepresst volle, doch handlich gebliebene Wachstuchhülle eingenäht worden war. Dirk legte kleine braune Fotografien nebeneinander auf dem Tisch aus, er suchte nach einer Uniform, einem Offizier oder Verwalter. Er wird die Bilder Karin zeigen, sie findet vielleicht Fürchtegott Haubach, ihren Großvater oder er Carl Joachim als Jungen. 1912 war dieser 13 Jahre alt und sollte »schon oft« mitgesegelt sein.

Die Bilder ähneln einander. Sitzend auf Korbstühlen die zwei oder drei weißen Männer. Weißes Hemd, weiße Hose, der mittlere trägt eine karierte Krawatte, Strohhüte mit Bändern, vermutlich bunt, die einzigen Menschen mit Fußbekleidung, alle bärtig. Im Hintergrund die Schwarzen, die Oberkörper nackt, Beine und Füße nackt, ohne Schmuck, ohne Insignien, einige tragen eine Kappe. Alle Gesichter starr, wie erschrocken. Auffallend eine Fotografie, die Dirk sofort umdrehte und die Eintragung las: »An die Arbeit!« Wieder die drei Weißen und in großem Abstand eine Schar Afrikaner, die je ein Handwerksgerät in die Höhe halten, einen Spaten, eine Säge, ein Beil, eine Kelle, eine Karbidlampe, kein Gerät das sie kannten, die neue Welt. Ein Grauton hat sich in die sonst braunen Bilder geschlichen. Dirk beobachtete genau. Wieder drei Weiße, unbestimmten Alters, Beine übergeschlagen, die Hände auf den Oberschenkeln oder über der Brust verschränkt, kniehohe Stiefel. Er sucht seinen Großvater, einen schmalen großen Jungen, bartlos. Aber alle Weißen tragen Bart, auch wenn sie jung sind. Es gibt keine Frauen, keine Kinder.

Dirk ließ die Papiere und Fotos ausgebreitet auf dem Tisch liegen, erkundete sie wie eine Landkarte. Hier standen vor kurzem die klotzigen Bände der Entscheidungen des EuGH, *Rabels Zeitschrift*, EU-Verwaltungsgesetze und die persönliche Ausleihe des Profs zur Geschichte des Vertragsrechts, seine eigenen handschriftlichen Seiten. Er hatte sich gewundert, wie viel er hier trotz der Behinderung durch sein Gipsbein durchgearbeitet hatte, seine gehobene Stimmung, mit einer Forschungsaufgabe verbunden zu sein und sie weiterzuführen. Fili war um ihn, die verpackte junge Frau, die er gern sah, immer für einen Augenblick für ihn da, das reichte ihm damals. Eigentlich könnte er hier so weiterarbeiten und mit Werner leben, der von Zeit zu Zeit Interessantes aus Afrika zum Berichten mitbrächte. Mit Karin müsste er Abmachungen treffen, dass sie nicht unangemeldet käme. Nur Astrid würde nicht erscheinen. Dort, in seiner Penthousewohnung, mit all seinem Eigenen, ist es zu hell, zu dünn, gibt es zu wenig Schatten. Lieber hier bleiben, die weite geschwungene Treppe hinauf zu seinem Zimmer gehen, es umbauen, einrichten, der Ausblick auf die Platanen im Hof.

Das erinnerte ihn an den Auftrag, ein Kinderspielzeug von Astrid zu suchen. »Du wirst sie nicht erkennen, so flach und weich, aber sie ist es, meine Maus.«

Wieder steht die Tür zu Ralfs Zimmer offen, wieder wirft er einen Blick hinein. Unverrückt steht der Sekretär in Astrids Raum. Dirk greift unten rechts in der mittleren Reihe in die bezeichnete Schublade, zieht sie auf und stößt wie beschrieben an ein Querholz, das ein weiteres Aufziehen verhindert. Er nimmt die darüber liegende Lade heraus und sieht jetzt in den hinteren Raum. Dort findet er das Objekt: Einschließlich Schwanz besteht es aus drei getrennten Teilen, mit Schnur gebunden. Auf seiner Handfläche bewegt sich das Objekt und lässt sich identifizieren: Ein lang gestreckter flacher Leib ohne Pfoten, mit Watte oder Ähnlichem ausgestopft, an dünne bleiche Rindenstücke mit groben Stichen genäht, sehr unregelmäßig doch fest. Der Kopf ähnlich, viel kleiner, besitzt drei gleich große schwarze Punkte: Augen und Nase oder Mund. Sorgfältig schließt er die Finger über der auf der offenen Hand liegenden Maus, sie soll nicht herabrutschen, wenn er nach unten geht. Welches dramatische Schicksal hatte das Ding erfahren, dass es in das Geheimfach geriet, dennoch vergessen und jetzt wiederbelebt wurde? »Meine erste Maus«, hatte Astrid gesagt und war doch nicht Tierärztin geworden.

Dirk bleibt auf der obersten Stufe der Treppe stehen. Und ich? Er versucht, sich an sein Spielzeug zu erinnern, sicher, Bauklötze, viele, »zum Stolpern«, hatte sich Karin beschwert, für Stapeltürme zunächst, später aus Lego, Häuser und Maschinen. Alles verschwunden, keine Erinnerung. Stattdessen der Ärger über das, was unten vorgegangen war: Das Rennen nach dem Ziel und der Erfolg, wenn er zählte, zählte, zählte – meine Kindheitsgeschichte. Er spürt, dass er die Hand fest um die Maus geschlossen hält, öffnet sie rasch und stellt fest, dass sie nicht geknickt ist.

Dirk ist an der viertletzten Stufe stehen geblieben. Von dort blickt er auf den langen, schweren Esstisch, darauf ein Sammelsurium aus Schnipseln, Dokumenten und Fotografien. Soll ich springen? – Das wird mir gefallen. – Ich werde sicher aufsetzen. – Mein Bein ist in Ordnung. – Im Sommer kann ich mit Tennis wieder anfangen. Er überlegt und entscheidet sich: Wozu springen?

Flaggenhissung?

Die Termine für die mündlichen Assessorprüfungen werden im September erwartet. Nach den Ergebnissen der Klausuren ist Dirk ein Prädikatskandidat. Trotzdem: Kein Spiel ist vor dem Abpfiff entschieden. Es wird danach Urlaub geben. Vor dem Winter wäre der Süden geeignet. Griechenland? Mit Georgios, seiner Schwester oder Fili, anderen? Er weiß nicht, wie Georgios dort mit seiner Familie steht, sicherlich wird er ihm etwas vermitteln. Allein?

Zurück in seiner Ein-Viertel-Penthouse-Wohnung fühlte er sich von den Ergebnissen der Kellerdurchsuchung müde. Gesichter und Szenen, viele länger als hundert Jahre zurück, tot und vergangen. Er hatte seinen auf dem Esstisch ausgebreiteten Fund zusammengeschoben, die Papiere geglättet, die Fotos übereinander in eine Mappe aus Werners Arbeitszimmer gelegt und mitgenommen. Ob es doch einen Urlaub mit Susanne geben kann, sie zurückholen? Er wird ihr schreiben, ihr mitteilen, dass es keine weiteren Diskussionen über Fahrradrouten geben wird. Er wird ihr Zeit lassen, bis sie sagt, was sie will. Ich soll mich zurückhalten, das hat mir Astrid geraten, abwarten, das Leben kommen lassen, nicht Besitz ergreifen.

Aber wie? Brav sein, abwarten, bis eine Frau mich an der Schulter fasst und ich an ihrem Blick erkenne, komm' mit? Das Blatt mit den Ausführungsbestimmungen zur Landnahme damals in Kamerun, kommt ihm in den Sinn. Er braucht es nicht eigens aus den Papieren hervorzuziehen. Richtig, es genügte ein einziger mutiger Akt: die Flaggenhissung! Flagge zeigen, das war es. Ohne dies hätte es endlose Palaver mit den Häuptlingen der Eingeborenen gegeben, deren Dialekte auch die Dolmetscher kaum verstanden. Verträge mit Analphabeten sind unmöglich. Sind diese Zeiten vorbei? Er erinnerte sich, wie ihn Dagmar nach der ersten erschöpften Nacht weggestoßen hatte, er hinauf in den Appenin gefahren und den riesigen Schneeball, zum Eisklotz geworden, auf die Terrasse ihres Zimmers gelegt hatte. Das hatte gewirkt, aus Eis wurde Feuer. Eingeklinkt und gefangen in die Dagmar-Szenen in Cinque terre spürt er sein sexuelles Verlangen. Er weiß, wie er sich verhalten wird.

Sein Porno-Clip heute: Dirk suchte und fand die bestimmte Akteurin, er hatte sie Judith genannt. Im Hintergrund sah er, über das Sofa hinweg, durch die Panoramafenster sturmbewegte Palmwedel, dahinter, unscharf, kahle braune Berge. Das Modell wird ihre Bühne verlassen haben, in einen Bademantel gehüllt, vielleicht gibt es einen zweiten Take mit Partner im Untergeschoss. Dirk weiß, Sex ist Geschäft und Show, von primitiv bis erotisch legiert.

Judith allerdings bannt ihn. Er hat sie in demselben Clip häufig besucht. Pflichtgemäß bietet sie Entkleidung, Körper, die herausfordernden Gesten bis zum angeblich überwältigenden Finale. Dirk weiß um den Lauf dieser Dinge: Die Assistentin hat die Szenerie überprüft, die Fotografen sie ausgeleuchtet. Jetzt langweilen sie sich und müssen stumm sein. Dirk hingegen hat den Ton abgestellt, wenn hier einer laut wird, ist er es, er weiß, dass er nicht schreit. Jetzt ist er der Mann, der fiktiv einzige Mann und er wird sich bemühen, muss sich bemühen, dass das geschieht, was Judith in die Kamera spielt. Langsam wird ihr Gesicht enger, dunkler, sehr dünne Falten durchziehen die Stirn, das Lächeln erstarrt, etwas schmerzt sie, er tut es ihr an, sie will es, muss es wollen. Sie spielt Qual oder wird von ihr überwältigt. Das wünschte er sich: Ich bin es, der das bewirkt, es ist meine Kraft, mein Stoß – obwohl es nicht wahr ist und ich es nur über zehntausend Pixel erreiche. Der Porno-Clip ist abgelaufen, sein Verlangen befriedigt.

Auch mit Susanne im Bett war es gelungen, sie hat gezuckt und einen sehr langen Atemzug getan, sich entspannt und ihn später mit ihrem sozialen Lächeln bestätigt, so wie er sie kennt.

Es war gut. Fehlte etwas? Hätte er gerne etwas ausgelöst, was in Susanne Bedürfnis und Gier und Qual erzeugt hätte, er, der Herrscher über sein und ihr Begehren? Er, der Mann, der Kolonisator? Die Vorstellung ist neu, unangenehm und erregend.

Lange Zeit über, wohl immer seit der Pubertät, zweifelte Dirk: Bin ich ein Mann, wie ein Mann sein sollte? Noch heute sieht er seinen Deutschlehrer Dr. Brzoska, der die 17-jährigen Schüler zwei Jahre vor dem Abitur mit Prostitution und Sex und Liebe konfrontiert hatte, keinen geringeren als Goethe im geistigen Gepäck. Das Gedicht: *Der Gott und die Bajadere*. Sicher gab es Gelächter über einen Gott namens Mahadö, der jede Sterbliche in sich verliebt machen konnte, aber es gab auch Schülerernst über das Mädchen, das tanzt, sich hingibt, opfert und errettet wurde. Wie auf einer Tafel stand in Dirks Erinnerung: »Und des Mädchens frühe Künste / werden nach und nach Natur.«

Goethe äußerte sich unmissverständlich: »Und er küsst die bunten Wangen / Und sie fühlt der Liebe Qual.« Was war geschehen? Die Qual ist sichtbar, die Liebe nicht, aber die Liebe steuert die Qual ebenso wie das echte Lächeln, von dem die Wissenschaft schreibt, man könne es nicht willentlich erzeugen.

Dagmar hatte sich auf Cinque terre nach dem Beischlaf über mich und meine Frauen beschwert: »Du hast schlechten Sex gehabt.« Erst in ihrem langen Brief schrieb sie deutlicher: »Du bist im Sex ein aufgeregter Junge und ich mit meinem Sex beherrsche dich. Das tut mir nicht gut – und dir auch nicht.« Was verlangt sie? Begehrte sie seine Flaggenhissung, seine Landnahme und sollte das genau das sein, worüber Susanne sich beklagte, wenn sie ihm auf der nichtsexuellen Ebene schrieb, sein Eindringen sei Macht und Besitznahme – dabei waren es doch nur seine Behauptungen über Fahrradwege und sonst präzise und verbindliche Vorschläge über Besichtigungen und Exkursionen?

Sollte, gemäß »unserem Dichterfürsten Goethe«, Dr. Brzoska blieb dabei, ihn so zu titulieren, etwas vor und in und zwischen den Liebenden sein, das quält, umwirft, zum Weinen und Umsinken bringt, die Zeichen der »Wollust«?

Dirk schaltete seinen Computer aus. Vielleicht bin ich an Sex nicht sonderlich interessiert, vielleicht unterbelichtet. Susanne meinte, an einem Abend hätten wir über ewigem Essen den Sex vergessen. Ich übe mich zu wenig in Sachen Liebe, habe meine Sex-Spielchen, sie halten mich über Wasser.

Ablenkungen sind erwünscht: Juristische Probleme lösen. Es wird Ernst werden. Im zweiten Obergeschoss des Oberlandesgerichts, rechter Seitengang, vermutlich drittes Sitzungszimmer links.

Karins Geschichte

Wieder hatte Werner die Verbindung mit Karin hergestellt. Er vertraute Dirk das Gespräch an: »Ich habe ihr gesagt, du wärest neugierig, mehr über deinen Vater, Rüdiger und die Verhältnisse damals zu hören. Sie lehnte ab: ›Dann wieder das Geschwätz gegen Kapitalismus und Sklaverei, ich will das nicht mehr hören.‹ – ›Das muss nicht so sein. Dirk hat etwas im Keller bei den alten Sachen gefunden.‹ – ›Kann nicht sein, ich habe alles selbst durchsucht. Ist nur Müll unten.‹ – ›Es sind Fotos aus Afrika, aus der Zeit deines Großvaters und dem Bruder deines Vaters. Dirk will die Gesichter identifizieren. – Deine Mutter also, ohne Zögern, sehr klar: ›Ich komme.‹«

Als Karin den niedrigen Stapel Fotos auf dem Tisch erblickt hatte, schob sie ihn wie ein Kartenspiel auseinander, war bereits orientiert: »Alles die Zeit um 1900, mein Großvater, Fürchtegott-Carl-Walter Haubach, der erste Kolonisator«, sie sprach die Wörter stolz, nach Silben getrennt, aus.

Werner: »Kannst du Dirks Urgroßvater Fürchtegott, lass es mich so sagen, auf einem Foto erkennen?« Er blickte Karin eindringlich an, ob sie diese Namensnennung irritiere.

Dirk mischte sich ein: »Die Weißen sehen alle sehr jung aus, trotz Krawatten und aufgedrechseltem Schnurrbart. Ich sehe keine Jugendlichen, auch keine Kinder.«

»Wenn die Aufnahmen vor 1914 gemacht wurden, war mein Vater gerade ein Junge, war wahrscheinlich öfter, ich denke sogar sicher zu Besuch, hier ist er nicht dabei.«

Die Drei am großen Esstisch schieben einander die Fotos zu, versenken sich in sie, verstummen.

Karin erklärte, nur im Zusammenhang berichten zu können.

Auch Werner gab zu verstehen, er kenne die Einzelheiten nicht. Karin also spricht, sie erlaubt, eine gute Vortragende, unterbrochen zu werden, und so gibt es ein anregend-akzeptierendes, datengestütztes Gespräch.

»Carl-Walter Haubach, mein Großvater, der Gründer – es fällt mir doch schwer, einfach von Fürchtegott zu reden, wurde um 1870 in Kiel geboren, Sohn eines Handelshauses, das sich vorwiegend mit portugiesischem Rotwein befasste. Von ihm als Sechsjährigen soll es ein Foto mit Helm und Degen gegeben haben, seine Eltern waren von der Begeisterung der Reichsgründung mitgerissen worden. Es folgten die Protektorate, die Kolonien. Schon als Junge durfte er in den langen Schulferien auf die große Reise, von Abenteuerhoffnungen durchdrungen. Ab 1900 ist es dort tatsächlich schwindelerregend vorangegangen, Handel mit Elfenbein, Palmöl, Hölzern, Gewürzen, Kopra, der Aufbau der Plantagen, Eisenbahnbau, Telegrafenstation, Hafenanlagen am Meer und den Kamerunfluss hinauf. Was er von den Aufständen erlebte, wissen wir nicht.

Also, mein Großvater Fürchtegott lebte auf der Farm in der Nähe des heutigen Jaunde. Mein Vater ist 16 Jahre alt, als der Weltkrieg ausbricht. 1916 wird die deutsche Schutztruppe in Kamerun von den Engländern besiegt, Fürchtegott flieht mit einem großen Anhang von Eingeborenen. So geht die Saga: Die Stämme Ngambi und Ndu hätten treu zu ihm gestanden, wären zu Fuß mit ihm bis zur Küste gezogen und eingeschifft worden bis zur spanischen Insel Fernando Póo. Er sollte repatriiert werden, aber stirbt 1917, gerade 48 Jahre alt, dort an Malariafieber. Sein Bruder bricht aus, vagabundiert, lebt in Spanisch-Marokko und verdingt sich bei den Franzosen. Nach dem Krieg klopfte er in Kiel an, wo sein Neffe, mein Vater, am Anfang seines Ingenieurstudiums stand.«

Dirk: »Wo bleiben eigentlich die Mütter?«

Karin: »Das war eine andere Welt. Es gab nur Männer, Missionare, Geschäftsleute, Militärs, Grundbesitzer wie wir. Die Frauen gebaren die Kinder. Das war eine andere Ordnung, sie war nicht schlecht. Nur die Männer haben die Länder entdeckt, erobert, kultiviert. Was vorher dort in Westafrika war, mit der großen Ausnahme des Königreichs Benin, das waren Stämme mit Naturalwirtschaft, Clans, die sich bekriegten und umbrachten. Nicht umsonst hieß die Strategie der Europäer – die Missionare hatten es eingeleitet – Pazifizierung.«

Werner hatte mit Blicken versucht, Dirk zurückzuhalten, der bei dem Wort Pazifizierung vom Protestdrang überwältigt zu werden drohte. Werner wusste, an welcher Stelle Karin ausrastete, hektisch zu reden begann, aufstand, sich setzte, blieb, weiterredete, bis sie Türen schmiss und verschwand. Auch Dirk hatte das erlebt, an Wochenenden zu seiner Zeit, als sie im Internat Aufsätze über diese Themen schrieben. Heute wirkte er gemäßigt. Er spielte sich nicht empört gegen Karin auf, gab ihr allerdings ein einziges, das fatale Stichwort: »Sklaverei!«

Karins Ausbruch ist unvermeidbar: »Sklaverei, Sklavenhandel, das war doch vor unserer Zeit, die Araber, auch die Stämme untereinander, wir Europäer haben die Sklaverei abgeschafft nach dreihundert, nach tausend und wie vielen Jahren, seit eh und je sind wir gegen Unmenschlichkeit.«

»Und wer hat die Leute herbeigeschifft, die heute als schwarzafrikanische Bevölkerung in Nord-, in Mittel-, in Südamerika lebt?«

Karin holte Luft, sie ist verärgert, will sich nicht einlassen, spricht trotzdem: »Damals, vor dem Ersten Weltkrieg, versteht ihr denn gar nicht, wie es aussah, habt ihr nicht die Bilder gesehen von den Chiefs, die sich über den nackten Oberkörper Fantasieuniformen anzogen, Hüte, Zylinder aufsetzten und die ›Kronen‹ verlangten, die man bei der Flaute auf den Handelsschiffen aus Buntblech, aus Glas, Perlen und Vogelfedern zusammenklebte und die sich dann King nannten, King Bell, King Aqua, King Dido, den Rum tranken und weiterhin ihre Leute als Sklaven verkauften?«

Werner, entspannt, da das Schlimmste überstanden zu sein schien und Karin blieb: »Es war eine ungeheure soziale Umschichtung zu dieser Zeit. Wenn man nicht auf die einzelnen

Ereignisse sieht, erkennt man die Veränderung: Von unmenschlich behandelten Sklaven unter der Peitsche zum gezwungenen Landarbeiter, bis hin zum Handwerker, seht euch das Foto mit den hochgehaltenen Werkzeugen an.« Karin hob das Bild auf, wedelte es, streifte mit den Fingerspitzen darüber, als wische sie Staub weg oder erwecke es zum Leben; ihr endgültig beweisendes Dokument: »Das, ihr seht es, das ist der Beginn der Kultur. Wo sind diese Äxte geschmiedet, die Sägezähne und die Hämmer, die Petroleumlampe und die Wasserwaage gebaut? Wir haben das gebracht und wir hätten dort bleiben sollen.«

Dirk ließ sich das Foto geben: »Aber wie sehen sie aus, diese Afrikaner? Sie stehen da wie Wachsfiguren, sind Schaustücke für die Kamera, du siehst die Krätze an den Beinen, eingefallene Brüste, Angst«

»Ich sehe keine Angst. Dass sie steif herumstehen, liegt an der langen Belichtungszeit.«

Werner, der Mann mit der einladenden Geste, hat Erfolg, Karin setzt ihre Rede fort: »Es gab auch zwischen den Kriegen Überlegungen, die Kolonien in Afrika neu zu ordnen. Mein Vater hat mir ein Schriftstück von 1936 gezeigt, das müsst ihr hören, ich habe es schon einmal erklärt, alle haben es vergessen. Sein Onkel, also Carl-Anton, fuhr nach London, um unsere Ländereien zurückzukaufen. Farmen wurden öffentlich versteigert, nicht-britisches Kapital wurde benötigt und wer Besitz vor 1916 nachweisen konnte, bekam einen Bonus. Neuverteilung der Mandatsgebiete. 1938 sollen in Deutsch-Kamerun noch mehr Deutsche als Engländer gelebt haben, die koloniale Infrastruktur war nicht zerstört. – Der Zweite Weltkrieg brachte Carl-Anton kurzzeitig in ein Internierungslager, er besaß wohl auch spanische Papiere, vielleicht meldete er sich sogar freiwillig und kam in eine Kolonialtruppe. Mein Vater hat nach 1950, als wir zurück aus Amerika kamen, lange nach ihm geforscht, ohne Ergebnis. Für meinen Vater gab es einige Sätze, Wahrheiten muss ich sagen, von seinem Vater: Der Afrikaner liebt die Führung durch gutgesinnte Menschen. Als er 1916 nach Fernando Póo musste, ich sagte es eben, wollten seine Schwarzen mit. Taten es auch, ein Zug von Hunderten, schiffte sich ein nach der Insel. Sie sagten: ›When the stranger leaves, we die.‹ Noch heute sind sie verloren, in Afrika, ohne uns.«

Durch das ernste Zuhören Werners bestätigt und in der psychischen Nähe ihres Vaters angekommen, berichtete Karin weiter, besänftigt: »Mein Vater machte Abitur 1919, dann sein Studium. 1923 suchte er lange eine Ingenieursstelle und fand sie, arbeitete als Planer im Schiffsbau, da hatte er den ersten Zugang zu U-Booten und zur Kriegsmarine. Bald, als die Nationalsozialisten die Aufrüstung betrieben, wurden Ingenieure unglaublich gefördert, arbeiteten begeistert, ja, so kennst du, Dirk, doch den Großvater, wenn er über diese Zeit redete, über seine offizielle Leitung der Forschungsabteilung und den Antrieb von Torpedos. Erst Ralf, dann dich wollte er zu einem begeisterten Jungen machen, der sich für Technik interessiert, von Druckluft- über Elektro- bis zum Düsenantrieb... Die Aale, sagte er zu den Torpedos...«

Dirk schwieg. Er erinnerte sich an die Kriegsgeschichten vom Großvater, auch an seinen kindlichen Ekel vor den Aalen, die eindringen, explodieren, Schiffe zerfetzen – die Erzählungen waren so realistisch, dass er sich ängstlich umsah, ob Wasser durch die Wände einbreche.

Karin bemerkte, dass ihr heute niemand widersprach, sie ihren Rederaum besaß und ausdehnte: »Damals, bis zum Krieg, hatten Carl und Clara eine gute Zeit. Sie erzählte mir später, sie hätten Jahr und Jahr auf ein Kind gewartet, es habe nicht geklappt. Es sei zu viel von Krieg geredet worden, aber sie hätten auch mehrere schöne Sommer in einem Ferienhaus am Strand nördlich von Laboe verbracht. Schon vor Kriegsausbruch sei Carl während des Tages von einem Adjutanten begleitet worden, der ihm die großen Rollen mit den durchsichtigen Konstruktionspapieren trug. Sie habe von Carl nur einmal eine Antwort bekommen, es sei extrem geheim und kriegswichtig und eigentlich habe man vor, ihn zum Schutz vor Spionage zu kasernieren.

Es habe auch schon 1941 vereinzelte Bombenangriffe gegeben. Die Eltern seien monatelang getrennt worden, weil Carl nach Frankreich abkommandiert worden war, nach Saint-Lazare, wenn es stimmt, wo die bombensicheren Unterstände für die U-Boote gebaut wurden. Meine Mutter war viel allein, wurde nicht schwanger und Carl erhielt den ersten Orden, man sagte ›Ehrenzeichen.‹ Über das Kriegsende hat mein Vater meinem Mann Rüdiger, später Werner und auch euch Kindern und – überhaupt tausend Leuten, die ihn auf Empfängen und im ›kleinen Kreis‹ gefeiert haben, seine Reden gehalten.«

Werner und Dirk nickten einander zu, spürten, dass Karin sich jetzt von ihrem Vater trennte, sich selbst zuwandte. Sie sah um sich. Die beiden Männer blickten auf sie. Tatsächlich sprach Karin bald weiter, ohne die berühmte Geschichte des U-Boots ausführen zu müssen: »Also er, abgeschirmt im militärischen Gelände, Clara in einem Erholungsheim untergebracht, schwanger. Ich im Bauch von Clara, ich bin ganz normal im Krankenhaus geboren, allerdings sofort in den Luftschutzraum gebracht worden und nur bei Entwarnung zum Stillen auf die Station. Clara sagte später, aus Angst vor den Bomben habe sie die Milch verloren. Wir sind dann mit dem Dienstmädchen Hertha in das Ferienhaus ans Meer gezogen, weit und breit keine militärischen Einrichtungen und trotzdem haben Clara und sicherlich auch ich von allen Seiten Einschläge gehört. Sie hatte eine Trockenbabymilch bekommen, aus Versorgungsbeständen der Wehrmacht, das konnte doch nicht stimmen, aber sie hat es immer betont.

Sie brachten uns nicht rechtzeitig fort, die Russen kamen. Clara mit mir und Hertha im Haus, der Bahnhof zwei Kilometer entfernt. Das Auto, ein Militärwagen, war bei Carl. Am Tag, bevor er uns abholen wollte, wurde das Auto beschlagnahmt. Wir gingen zu Fuß. Das hast du, Dirk, neulich von mir im Café gehört und Werner weiß es auch.«

Dirk hatte seine Mutter nie weinen gesehen. Jetzt standen ihr die Tränen im Gesicht. Sie wischte sie weg und lächelte: »Ich glaube, bald wird es zu viel für mich. Ich gehe am besten hinüber, lege mich hin und ihr Männer macht euch über das Essen her, das heißt auspacken und Reis kochen, das Fleisch ist im Kühlschrank, der Salat in den Plastikschalen braucht ein Dressing, nicht vergessen.« Sie sprach zu Werner und ihrem Sohn, als seien sie gleichrangige Brüder.

Werner kennt Karin, sie kann endlose Konferenzen durchstehen, sich bei Gremiengerede ausruhen, und am Ende holt sie ihre Argumente aus der Tasche. Nach dem Essen erklärte sie, ruhiger, fast erleichtert: »Dann erzähle ich zu Ende, von den USA und der Rückkehr.«

»Nach drei oder vier Tagen hat Clara, wie sie sagte, Hertha und mich unter Flüchtlingen gefunden, auf einer Rotkreuz-Station, bereits bei den Amerikanern. Ich sei gesund gewesen, habe nicht gesprochen und nicht geweint. Nach Tagen sei es besser und normal geworden. Carl war verschwunden, wahrscheinlich in Gefangenschaft wegen seiner militärischen Papiere. Unser Haus in Kiel war kaum beschädigt, jedoch für Besatzungstruppen requiriert. Obwohl Clara sich ausweisen konnte, durfte sie dort nicht wohnen. Für einen Tag erlaubte man ihnen, auf dem Speicher zu bleiben – daraus wurden Monate. Clara und sie hätten keine Angst vor schwarzen Menschen gehabt. Die junge Mutter und ihr Kind wurden gefüttert, ich selbst ein Glück bringendes Maskottchen… Carl war in keinem Gefangenenlager registriert, auch nicht für tot erklärt worden, verschwunden. Bis Clara im August 1945 über die Militärverwaltung eine Nachricht erhielt. Er sei in den USA, gesund, sei in wichtiger Mission, dürfe über seinen Aufenthaltsort nicht schreiben, doch eine kurze Nachricht übermitteln: ›Die Dinge entwickeln sich gut, grüß mir Karin, bis bald!‹ Nach wenigen Wochen bereits erhielt Clara, sie hatte es damals nicht und auch später kaum verstanden, Ausweispapiere und Schecks und eine Schiffspassage nach Boston von Le Havre aus. Es sei alles unerwartet, märchenhaft, unglaublich gewesen, alle Tage Frieden.

Ihr wisst, Carl ist mit anderen Wissenschaftlern in verschiedene Forschungsinstitute gebracht worden, alle voneinander getrennt, man war nicht sicher, ob unter ihnen Geheimagenten der Russen gewesen seien. Bald hatte er Angebote, dort zu bleiben, wie einige andere. 1948 kam er zurück. Ich war fünf Jahre alt, verstand Englisch und kam in die Schule als sei nichts gewesen.«

Karin griff sich ans Haar, in ihren dichten kurzen grauen Schopf, die Baskenmütze, wie sie selbst sagte, zu kurz, um ihn mit den Fingern aufzuplustern. »Jetzt hätte ich gern meine Mädchenhaare wie damals, sogar Zöpfe, ihr glaubt es nicht, auch das bin ich einmal gewesen.«

Dirk fuhr in seine Wohnung, er rief Astrid an: »Es gab eine riesig lange Besprechung mit Karin und Werner. Ganz neue Töne von unserer Mutter, ohne die Anklagen, sie hat nur erzählt Du hättest dabei sein sollen!«

Astrid überlegte, Dirk hörte die Geräusche der telefonischen Verbindung, wartete. »Am besten war es so ohne mich«, sagte Astrid, »Karin redet mit ihrem Vater und mit Männern, das macht es ihr leichter.«

Werner rief am nächsten Morgen gegen elf Uhr bei Dirk an, ob er nicht zu einem zweiten Frühstück oder Brunch in die Elternwohnung komme, Karin sei über Nacht geblieben und Brötchen seien da.

»Mein Vater wuchs in seiner Bedeutung und Clara magerte ab. Er war in seinen fünfziger Jahren, arbeitete in Kiel, war leitender Forschungsingenieur im U-Boot-Bau, beleibt und jovial, denke ich. Ich war sieben, in der Schule, es hatte keine Schwangerschaft mehr gegeben. Mein Vater hätte lieber einen Jungen gehabt, war aber auch mit mir froh.

Von meiner Mutter hörte ich auch, er werde ›Präsident‹ werden, ich stellte mir das toll vor und wartete, was geschehen würde. Verstanden habe ich nichts, er war fast jeden Abend weg, in dunklem Anzug und Krawatte, Clara sagte, er sei im Club oder zum Vortrag, ich wachte auf, wenn es im Hause laut wurde und schlief danach gut weiter. Er nahm mich später mit zum Gründungsfest des Vereins der U-Boot-Konstrukteure, ›sei artig‹, sagte er zu mir, es gab Blumenarrangements rund um das Rednerpult, und ich saß in der ersten Reihe und stand ebenso auf, wenn jemand ihm gratulierte, wurde irrtümlich auch mit Handschlag beglückwünscht und fand das normal. Er war, so kurz nach dem Krieg, öfter in London, Mitglied in einem englischen Club. Als Kamerun 1960 nach Auslaufen des UN-Mandats unabhängig wurde, war er in Jaunde und, so Clara, ›führte Verhandlungen‹ mit dem Hintergrund, die früheren familiären Ländereien zu pachten oder zu kaufen. Er war auch aktiv in der Norddeutschen Mission, soweit sie in Kamerun operierte. ›Er wurde geehrt‹, sagte Clara, ›aber es reichte ihm nicht.‹ Er strengte einen Prozess gegen eine Schiffsbaugesellschaft wegen Entschädigung für patentrelevante Erfindungen an, die patentrechtlich angemeldet, aber gegen Ende des Krieges nicht überprüft werden konnten. Er verlor den Prozess, weil es sich um kriegstechnische Erfindungen im Auftrag der Wehrmacht gehandelt habe. Trotzdem blieb er leutselig, wenn er keinen Widerspruch hörte. Tapferkeit war sein Lieblingswort, das bedeutete für mich, nicht zu weinen, nicht zu frieren, wenn es kalt war und glibberigen Pudding zu essen. ›Brav‹, sagte er, das verstand ich. Nur: nach Tapferkeit kamen immer Kriegsgeschichten, ich wendete mich weg, mit dreizehn gab es Tränen. Clara sagte: ›… aber lass sie doch‹, das fand er schlimm und ›feige‹.

Bevor ich Abitur machte, Anfang der sechziger Jahre, war er noch einmal in Kamerun. Er wollte Honorarkonsul werden und sprach im Auswärtigen Amt in Bonn vor. Als sich das nicht realisierte, wollte er seine ›überaus wertvollen‹ Benin-Bronzen und Holzskulpturen in so etwas wie ein Einwanderungsrecht tauschen, stellte eine großzügige Spende in Aussicht und blieb bei arabischen Kontaktpersonen hängen. Er traf sie noch einmal in London und sie stahlen ihm eine kleine Oba-Statue, sein Vorzeigeobjekt. Ich weiß heute nicht, was in mir los war. Ich wollte studieren, sicherlich, und wenn meine Eltern ins Ausland gingen, was ich vermutete, wollte ich mit. Deshalb mein Studienfach: Afrikanistik. In Hamburg gab es ein Institut.

Mein Vater damals, groß, stolz, selbstsüchtig und Missionar in eigener Sache. Es gebe zwar jetzt eine afrikanische junge Elite, die in Oxford studiert habe, sie brauche aber Unterstützung, Leitung von Erfahrenen, das sind wir, die Engländer und die Deutschen. Ohne uns… Und dann redete er von dem West-Afrika-Club, den er gründen wolle und der geschäftlichen Erfolg haben würde, ich sei die ideale Sekretärin – das schien für ihn ausgemachte Sache zu sein. Er überlege noch, ob ich als Sprachen Yoruba oder Bantu lernen sollte, gerade weil es in den neuen Ländern, für deren Nationalismus, sehr angenehm sein werde, eine Grund- oder Heimatsprache zu verstehen. ›Ich bin zu alt‹, hatte er gesagt, betrübt, mich mit dem blauen Blick angesehen, es ging mir durch und durch, er wollte mich in die Welt bringen, wie er sie sah.

Da kam Rüdiger, Geschäftsmann, der kannte meinen Vater und fand ihn imponierend. Er war fünfzehn Jahre älter als ich, groß, etwas rothaarig, wie Ralf es auch wurde.«

Karin blickt auf ihren Sohn Dirk, als erkenne sie ihn gerade eben. Sie will weiter sprechen, starrt, stockt, sieht ihn an. Ruhig, ohne einen Ausdruck von Schmerz, beginnt Karin wieder zu weinen, bewegt ihren Kopf und Blick leicht pendelnd zu den beiden Männern, Werner ihr gegenüber, Dirk über Eck.

Karin steht langsam auf: »Ihr wisst schon wohin, eine Runde Schlaf tut mir gut.«

Werner hatte das Klingeln des Telefons in seinem Arbeitszimmer gehört, war aufgestanden, um den Anruf abzuhören, kehrte zurück und traf Dirk, der beide ausgestreckte Hände flach auf die Tischplatte gelegt hatte, sie leicht bewegte, während die Augen die Maserung des Holzes verfolgten: »Auch eine Pause?«

Dirk verneinte.

»Woran denkst du?«

Dirk löste seine Hände vom Tisch, setzte die Ellenbogen auf und verschränkte die Arme vor der Brust: »Warum hat sie die U-Boot-Geschichte nicht erzählt?«

»Du kennst sie.«

»Ja. Aber in ihr steckt etwas, das mich nicht loslässt, mein Interesse, sie zu durchschauen.«

Werner: »Und vergiss den Dritten nicht, Ralf. Du, der Kleine, sechs Jahre jünger, hattest keine Chance, konntest nur strampeln, kriechen, hüpfen, schreien, der Platz bei Großvater und Mutter war besetzt. Ralf, der Große, und Carl-Joachim, der Riese, besaßen sogar eine Gehilfin: deine Mutter.« Werner lachte: »Ich bin sicher kein Familientherapeut, aber die Geschichte ist durchsichtig genug. Du warst der Enkel, den sie nicht brauchten. Selbst wenn der Großvater stürbe, bliebe er dir unerreichbar in Ruhm und Nachbild erhalten.«

Dirk: »Ich hatte später gelesen, man habe nach dem Krieg an der Glaubwürdigkeit seiner Berichte gezweifelt.«

»Ja, das gab es sicher, da hatte sich aber die Geschichte eingefressen in das Bedürfnis der anderen, an sie zu glauben. Überlegene Technik und persönlicher Mut – jeder wird das bewundern. In den ersten Wochen und Monaten nach dem Ereignis werden er und einige wenige, die überlebten, die Szene bis in die Einzelheiten gewusst haben. Bald jedoch zerfiel sie in Anekdoten, an denen er sich festhielt, sie umformulierte und mit denen er bis zu seinem Lebensende herumzog. Zu meiner Zeit war er über 80 Jahre alt, die Zeitzeugen tot, er hatte sich als Sachverständiger am Wiederaufbau der Marine engagiert, war ein gesuchter Redner.

Alle Versionen haben dieselbe psychologische Gestalt: Gefahr und Rettung. Stell' dir die äußerste Lebensgefahr vor, in einem gesunkenen, manövrierunfähigen U-Boot, der Tod durch Ertrinken bei jedem Atemzug gewärtig, noch im Ohr die Stöße der explodierenden Wasserbomben gegen die Außenhaut, der zischende Wassereinbruch, das Rumpeln des Schiffskörpers gegen den Fels, auf den er aufsetzte, die gierige Erwartung auf vielleicht letzte Kommandorufe des Kapitäns, danach allenfalls Stunden der Unrettbarkeit aus dem Lebenskasten, bis die Sauerstoffvorräte verbraucht sein werden. So entstehen Heldenstorys von unglaublicher Tapferkeit und unberechenbar glücklichem Schicksal. Kaum einer von den Kameraden ist von der Feindfahrt zurückgekehrt. Das Radar der Abfangschiffe der Alliierten erfasste die U-Boote schneller, als sie ihren Angriff durchführen konnten. Diese wahrhaften Überlebenden sind wahrhaft Begünstigte, und dein Großvater fühlte es so – und verwendete es: ›Ich sinke und ich tauche auf.‹

Es gab Berichte, Bücher, Filme. Er las sie, saugte sie aus und fügte sie den eigenen bei. Als Clara an ihrem Nierenleiden gestorben war, ganz unauffällig, Astrid und du weit weg in den Internaten, Ralf hier bei uns, verlangte er von Karin, dass sie ihn zu allen Veranstaltungen begleitete. Sie geriet in einen unaufhörlichen Sog seines Untertauchen-Auftauchens, verfasste Stellungnahmen gegen Angriffe, er sei nur technischer Berater und Torpedospezialist, nicht Kommandant gewesen, sichtete Beweise für seine Handlungen. Sie ließ mich nicht teilnehmen, erklärte bestimmt: ›Ich verschone dich!‹, und nahm sich die kleine Wohnung in dem Schulgebäude.«

Karin kam leise zurück, setzte sich: »Mir ist besser«, sagte sie, »ihr habt die Luft verbraucht, da muss ich lüften…« Sie schlägt vor, Tee zu trinken. Sofort eilen Dirk und Werner in die Küche. Kaum dort angekommen ist Karin auch bei ihnen, sie nehmen und geben sich Löffel, Tassen, Untertassen, Tischsets, Servietten wechselseitig aus der Hand, Werner sucht im Kühlschrank nach einer Zitrone, Dirk, der nicht weiß, wer stattdessen Milch nimmt, wartet hinter Werner, bis er den Platz freigibt. Karin weiß, wo es Keksdosen gibt, öffnet sie und füllt üppig auf einen Vorlegeteller. Auch die Zuckerdose erscheint. Es sieht aus, als wollten sie in der Küche bleiben, eng beieinander und mit Aufgaben befasst. Sie blicken auf den Teekessel, der gerade durch die Tülle zu pfeifen beginnt. Wer bringt ihn in den Salon?

»Drei oder vier Minuten?«, fragt Karin.

Die Männer nicken ohne Zahlenangabe.

Karin nimmt den durchgezogenen, prallen Teesack heraus und setzt ihn auf einen Unterteller. Erholt spricht sie Dirk an: »Ich werde heute nichts von deinem Vater sagen, von Rüdiger. Aber es zu Ende bringen mit deinem Großvater: Als Clara gestorben war, blieb er allein in seiner großen Wohnung; er hatte viel Besuch, fuhr in seine Clubs, es gab weiter Jahrestage, Ehrungen, Erinnerungstreffen. Sie wurden nicht seltener, aber ausgedünnt durch die Todesfälle. Er las viel, hauptsächlich geschichtliche Themen, *Die großen Schlachten der Weltgeschichte*, einen Band nach dem anderen.

Für euch war er korrekt und gerecht. Unbedingt wollte er mit Ralf seine tausendteiligen Puzzles von den Segelschiffen bis zu den Panzerkreuzern zusammensetzen. Ralf hockte brav vor dem überwältigenden Berg der Teile. Manchmal tat er mir leid, aber es gab keinen Streit. Mit Astrid und dir fing er gar nicht erst an. Die große Katastrophe zwischen euch kam zu deinem siebten Geburtstag, das hat mir auch wehgetan und du weißt es vielleicht nicht mehr.«

Dirk: »Die Trompete! Und ob! Das hält fürs ganze Leben.«

»Leider hat er das vor allen posaunt: Du hast das Mundstück angesetzt – und nicht gepustet, sondern gesogen. Ich habe es dir rasch erklärt, dir vorgemacht und du hast nicht begriffen. So etwas konnte Carl nicht ertragen. Später sagte er zu mir – wie konnte er Ralf vergessen? – tief überzeugt: »Die Enkel sind nichts geworden.«

Dirk: »Wenn ich im Internat war, erholte ich mich langsam. Aber die Szenen wiederholten sich, ich konnte sie nicht aussprechen, sie wüteten in mir. Du hast gesagt, er ist ein alter Mann und meint es nicht so. Aber ich wusste, dass er genau das meinte, was er tat: Ich war vielleicht zehn und recht groß und er wedelte mit einem Geldschein, den er lange überlegend aus einem dicken Packen seiner in der Mitte aufklappbaren Geldtasche zog, hob ihn hoch, wedelte, lachte laut: ›Den willst du haben, sicher, darauf sind große Zahlen gedruckt.‹ Ich hielt die Hand auf, er hob die seine über meine, ich dachte, das sei noch ein Spiel und hüpfte, er lachte weiter, schüttelte den Kopf, ich sprang höher, vergebens. ›Wenn du den verdienen willst, Hüpfen reicht nicht.‹«

Karin: »In seinen neunziger Lebensjahren krochen die Krankheiten auf ihn zu. Er rauchte viel, meist Zigarren, trank mäßig, mit seinem rechten Bein fing es an, Durchblutungsstörungen. Er hielt es allein in seiner Wohnung nicht aus und zu ihm ziehen wollte ich nicht. Im feinen Seniorenheim, in das er sich eingemietet hatte, gab es einen eigenen Arzt, im Grunde zwei, die sich ergänzten, also ein 16-Stunden-Service. Mit beiden palaverte er gern. Er halte nicht viel von ihnen, sagte er zu mir, aber schluckte fleißig Medikamente. Zu der Zeit nahm er einen jungen Mann stundenweise als Chauffeur für seinen Mercedes. Er war stolz, mit 94 seinen alten Führerschein zu besitzen, zeigte ihn ungefragt oder gefragt: ›Kein Unfall!‹ Die Blutversorgung des Beines wurde unzureichend. Die Ärzte empfahlen Fachärzte, Angiologen, Neurochirurgen. Beipässe wurden am Oberschenkel gelegt, ein Aneurysma der Arteria femoralis entdeckt und beseitigt, eine arteriovenöse Fistel verödet. Jede der einzelnen Operationen dauerte Stunden. Ich, bevorzugt, wartend in einem Vorzimmer des Direktors. Zuhause sammelten sich die Rechnungen über stationäre Krankenhausaufenthalte, über die Facharztleistungen, seitenlange Aufzählung von Ziffern, als ob jeder Handgriff einzeln berechnet würde, von operativen Versorgungszentren, von konsultierenden Ärzten über Fahrtkosten und externe Labore. Sicher war ich blass und sagte zu Vater: ›Ich bewundere deinen Mut.‹ Er schob meine Sorge beiseite: ›Was sein muss, muss sein!‹

Nach einem Jahr verkündete mir einer der beiden Angiologen, die Amputation des rechten Beines sei unumgänglich. Das wollte Vater nicht glauben. Er wurde grob. Ich hatte Mühe zu verhindern, dass er nicht heimlich nach neuen Ärzten telefonierte, brachte ihn mit Chauffeur über eine lange Fahrt zu einem sehr bekannten Neurochirurgen. Ich sagte, mein Vater sei 97

Jahre alt. Der Chirurg bedachte das, nickte, sagte, er sei Chirurg und entscheiden müsse mein Vater. Es wurde eine so genannte hohe Operation, fast in der Leistenbeuge.

Ihr habt alle mitbekommen, wie das Ende war. Vater überlebte die Operation. Eine Sepsis drohte, er bekam Unmengen Antibiotika. Er verlangte sofort, mit den Vorarbeiten für eine Prothese zu beginnen. Endlich musste er fühlen und bei Verbandswechsel sehen, dass das vorhandene Gewebe des Oberschenkels zum Anbringen einer Prothese nicht ausreichte. Was vom Bein meines Vaters geblieben war, nannten Ärzte, Pfleger, alle den Stumpf. Ich empörte mich über den Ausdruck. Er redete weiterhin von meinem Bein, wurde ausfallend gegenüber dem Chirurgen, warf ihm eigenmächtiges, so nicht vereinbartes Handeln vor. Ich befürchtete weitere Auseinandersetzungen. Schließlich beruhigte er sich. Er sagte zu mir: ›Du bist da, das genügt. Den Rest schaffe ich selbst.‹

Auf dem linken Bein, von der Krücke und einem Pfleger gestützt, fuhr er den Aufzug hinunter, ließ sich im Rollstuhl zum hinteren Ausgang fahren und schaffte drei Schritte bis zu seinem Mercedes, der dort parkte. Es gelang ihm nicht, den Körper langsam über das linke Bein in den Sitz sinken zu lassen, er rutschte weg, wurde aufgefangen.

›Ich muss es üben‹, sagte er.

Wie überrascht war ich, nur zwei oder drei Wochen später, wie er einen horizontal ausfahrbaren Stahlrahmen in seinen Mercedes hatte einbauen lassen, auf dessen Sitz er langsam niedersank, einen Knopf bediente und auf diesen Schienen bequem ins Wageninnere gelang. ›Seht ihr, auf diesen Knopf drücken, das ist genug.‹

Er hatte sich in den Kopf gesetzt und vor vielen Leuten erklärt, seinen 100. Geburtstag zu erleben und zu feiern. Fast zwei Jahre lang kämpfte er um diese Geburtstagsfeier. Ein Fieber, das er bereits öfter durchgestanden hatte, wurde nicht sofort erkannt, nicht sofort bekämpft und bezwang ihn an einem späten Nachmittag im 99. Lebensjahr.«

Karin kicherte.

Werner und Dirk blickten hoch: »Du lachst?«

»Ja«, sagte sie. »Mir ist eingefallen, vor einem Monat wäre sein 104. Geburtstag gewesen, und ich habe versäumt nachzudenken, was er sich wünscht. Da kam mir der Admiral in den Sinn, sein alter Freund Frank von Hastenbek, aber der wäre heute 106 und Carl hatte sich damals geärgert, als er unerwartet gestorben war, ›einfach so am Herzinfarkt‹. Da sitz ich nun mit euch und mag lachen.«

Ralf

Um die Mittagszeit erreichte ihn Karins Anruf: »Kannst du zu mir in die Pestalozzi-Straße kommen, bald? Ich habe einen Anruf bekommen und einen Packen Papiere, die Flugunfalluntersuchungsstelle aus Braunschweig, Wrackteile einer Cessna – noch nicht identifiziert – seien bei einem Offshore-Projekt gefunden worden. Also Wiederaufnahme des Untersuchungsverfahrens, möglicherweise Ralfs Flugzeug«, ihre Stimme, sehr ruhig, gelassen, monoton, »gib auch Astrid Bescheid.«

Dirk hatte Karins Wohnung, sie nannte sie »meine Klause«, nur einmal aufgesucht, weil er das Original seiner Geburtsurkunde brauchte, und sich eilends verabschiedet, um sich dem Angriff von fast lebensgroßen hölzernen Statuen, den Masken, den wie Zeltstäbe gekreuzten Speeren und den muschelbekränzten Totenköpfen zu entziehen. »Völlig unbewohnbar«, hatte er damals gezischelt.

Heute stand Karin vor ihm, aufrecht, mit gerötetem Gesicht, zog mit kurzen raschen Schritten zwei schmale Rattan-Stühle in den restlichen freien Raum des Zimmers. »Entschuldige, Dirk, das ist vollgepackt wegen der Ausstellung, in die ich einige private Stücke gebe. Sie werden morgen abgeholt, ich hätte besser zu dir kommen sollen.«

Dirk hatte sie beruhigt, sie saßen sich gegenüber an einem kleinen runden Tisch, auf dem die Papiere lagen. Dirk blickte hinab auf die einmal entfalteten und überflogenen Formulare, daneben die an der Seite aufgerissenen braunen Umschläge. Er hatte die Hände auf die Oberschenkel gelegt, er erwartete eine Anweisung. Karin sah zu ihm, teilnahmslos, wie ihm schien. Ihre Hände griffen nach den Unterlagen, schoben sie ineinander, übereinander.

»Ich bin nicht mehr bei der Sache«, sagte sie, »sie ist für mich abgeschlossen. Ich habe nichts mehr zu tun, nicht wie damals vor fünf Jahren, da war auch Dr. Fritzsche noch bei Grossmann & Meyer.«

»Du bist schriftlich verständigt worden, du musst Stellungnahmen abgeben.«

»Natürlich. Aber ich denke, wenn es notwendig wird – könntest du das in meinem Namen tun? Du bekommst die Vollmacht und alles.« Während Karins Gesicht starr blieb und sich dunkler rötete – Dirk meinte, sie werde schluchzen oder weinen, seine Schultern bewegten sich, er würde den Arm ausstrecken und aufstehen –, sagte Karin, sehr rasch und deutlich: »Natürlich, nach deinem Examen. Das dauert sicher alles wieder Jahre. Aber willst du das tun?«

»Ja.« Später, in seiner Erinnerung, war dieses Ja überraschend leicht und eindeutig ausgesprochen worden.

Karin stand auf, lief zu einer der Glasvitrinen mit kleinen Exponaten, den Manillas, den Kauri-Muschelketten, den Elfenbeinschnitzereien. »Meinst du, das sollte in die Ausstellung kommen? So ist das kaum interessant.«

Dirk überlegte: »Manchmal will ein Besucher etwas für sich sehen, was andere für unwichtig halten oder übersehen, kann einen Schritt aus der Menge heraustun…«

»Aber dann müsste ich die ganze Geschichte der Manillas erzählen, wie in Westafrika die erste Währung entstand, von den Portugiesen eingeführt, dann in Birmingham und Antwerpen gefertigt. Armreifen als Währung, die unverheirateten Mädchen im Messingschmuck die Arme hinauf, acht bis zehn von ihnen reichten, einen Sklaven zu erwerben. Die Einführung des geordneten Handels, Zivilisation, Kultur – ich komme jetzt ins Dozieren. Dirk, ich glaube, das bringt mich wieder zum Sprechen.«

»Du bist schon dort, die Professorin in Afrikanistik.«

»Danke, Dirk, ich lasse die Glasvitrinen in die Ausstellung bringen. Jetzt setze ich mich und wir gehen die Sache zusammen durch.«

Karin informierte Dirk, sie besprachen ihre gemeinsamen Vorstellungen: Wenn es Ralfs Cessna ist, wird der Unfallhergang erneut untersucht und weitere Bergungsinitiativen werden folgen. Die Air-Inter, der das Flugzeug gehörte, und die Versicherungen werden sich einschalten. Wenn eine Bergung die Obergrenzen ihrer Kosten übersteigt, werden sie uns anbieten, die Zeremonie einer nachträglichen Seebestattung zu übernehmen. Wenn der Flugschreiber gefunden wird und die Flugaufsicht eine Obduktion anordnet, muss Ralfs Leichnam geborgen werden… Wir werden jedenfalls keine privaten Ermittlungen in Auftrag geben in Bezug auf Wertsachen oder Gegenstände des Andenkens.

Ins Reden gekommen, berichtete Karin nun von der Situation damals, vor fünf Jahren, so lange ist das nicht her: »Zuerst hieß es vermisst. Ich glaubte an einen Irrtum und war ärgerlich, dann gab es über Dr. Fritzsche die ersten Informationen. Ralf war allein auf dem Rückflug von Sylt, hatte auf dem Hinweg in Hamburg getankt und das Benzin reichte mit Reserve für mehr als eine Stunde über die gewohnte Reiseroute hinaus. Wäre Ralf in einen Vogelschwarm geraten, hätte er ohne Motorleistung mehrere Minuten Zeit gehabt, sich bei der Flugleitung zu melden. Der Abbruch des Funkkontakts war 21.05 Uhr, zehn Minuten nach dem Start. Welches technische Versagen? Das Fluggerät war ordnungsgemäß gewartet, wie die Untersuchung damals ergab. An eine Sabotage wurde nicht gedacht, auch nicht an ein plötzliches Herzversagen. Nur – es gab das Cholesterin-Gutachten, das die Air-Inter als Unterlage besaß. Du hast nicht so viel Rechtspraxis erlebt, um dir vorzustellen, wie viele Schriftsätze ich über Fritzsche erhielt. Von ›völlig bedeutungslos‹ für den Unfall bis ›eindeutig‹ als Hinweis auf einen plötzlichen Todesfall.

Ich ließ nicht locker, so kennst du mich. Als die Suche nach der Cessna in einem errechneten Suchgebiet erfolglos war und eingestellt wurde, dachte ich, er sei irrtümlich vom Kurs abgewichen und anderswo verunglückt. In der Nordsee, in Küstennähe, hörte ich, würden häufig kleinere Schiffe, auch Sportflugzeuge vermisst. Es gibt internationale Suchfirmen, ich schrieb sie an. Das kostete Geld, aber das hatten wir. Ich sage dir jetzt ein anderes ›wir‹, Dirk, mein Vater war in mir wieder lebendig, auferstanden, ›untertauchen und volle Fahrt voraus!‹ – das machte mich zäh und überlebenssicher. Nur jetzt, das weiß ich, werde ich das nicht wiederholen.«

Dirk sah seiner Mutter voll ins Gesicht. Die dunkle Röte war verschwunden. Sie bewegte die Lippen ohne zu sprechen, blieb stumm und setzte wieder zum Sprechen an. Er versuchte, es bereits zu hören. Er wartete, dass sie von Ralf spreche, aber da war eine andere Bewegung in ihren Lippen, nicht von Tod, sondern von Einverständnis und Trauer.

»Was willst du nicht sagen?«

Karin sprach leise: »Ich weiß, Mütter sollten nicht von Haben sprechen – jetzt habe ich dich.«

Sie einigten sich, es sei eine Vermutung, dass das Wrackteil von Ralfs Cessna stamme, und man habe viel Zeit, die Untersuchungen abzuwarten. Dirk versicherte seiner Mutter, wenn nötig ein neuer Dr. Fritzsche zu sein: »Bis dahin bin ich längst promoviert «

Überhörte oder hörte er beim Abschied Karins Wunsch: »Könntest du die Tolle so ausschneiden lassen, dass sie sich niederbürsten lässt?«

Museum

Auf dem Programm *Tag der Stifter und der Stiftungen.* Das Museum wirbt für die wertvollen, wenig besuchten kleinen Sammlungen und öffnet sie exklusiv für beflissene Laien und auch Fachleute, heute mit Repräsentanten der Stiftungen oder den Stiftern selbst in kurzen Einführungen, nicht zuletzt um das Interesse für mögliche neue Geber zu wecken. Karin hatte Dirk eingeladen und er war gekommen.

Sie saßen nebeneinander in der ersten Reihe. Karin wurde auf das Podium gebeten. Sie stieg aufrecht, ein wenig hastig die erste Stufe des Podests, höher als eine Treppenstufe, hinauf, stieß mit dem Oberteil ihres rechten Pumps an das Holz, strauchelte, fing sich und lachte: »Ich wollte wieder allzu eifrig…« Die Kuratorin, für alle Fälle aufgesprungen, lachte wortlos mit und stellte Karin Haubach vor. Nur wenige Sätze seien ihr selbst erlaubt, da die Stifterin jetzt persönlich neben ihr Platz genommen habe. Das Museum danke ihr herzlich, der Tochter und Erbin des verstorbenen Herrn Diplomingenieurs Carl-Joachim Hallstadt, Honorarkonsul in Kamerun, dem Sucher, Entdecker, Sammler und Ankäufer dieser Reliefplatten aus der Benin-Zeit sowie der Holzskulpturen und Elfenbeinschnitzereien aus dem südlichen Nigeria.

Karin begann tatsächlich mit: »… meines Vaters Vermächtnis aus der Kolonialzeit.« Dirk fürchtete, allzu Ideologisches zu hören und war überrascht, als Karin, als wäre sie eben aus den Afrikanistik-Studien entlassen worden, die Geschichte Benins referierte, die Kulturleistungen, die Stadtgründung, die Unterwerfung anderer Stämme, die Ausdehnung bis zu den islamischen Emiraten, die Handelswege zum Tschad. Sie erklärte das

Herrschaftssystem des Königs, Oba genannt, der Handel mit der Mantilla, den wie Hufeisen für Pferde gebogenen schweren Metallstangen, die als Zahlungsmittel galten und die – sie ließ den Effekt nicht aus – aus englischen Schmieden stammten und auch von deutschen Handelshäusern geliefert wurden. Sogar einen europäischen Vertreter mit Hut würden sie auf einer Oba-Platte im Relief erkennen, anschließend beim Rundgang. Die wichtigsten Exponate, auch Dokumente aus ihrem Familienkreis, befänden sich im Britischen Museum in London. Es hätte ein abendfüllender Vortrag werden können, aber Karin hielt sich an ihre zwanzig Minuten und lud ihre gebannten Zuhörer zur Besichtigung ein.

Die Gruppe verließ durch die hinter ihr liegende Türöffnung den kleinen Salon, Dirk näherte sich dem Podium. Karin stieg die beiden Stufen hinunter, fasste ihn um die Schulter, angedeutet eine Umarmung: »Ich weiß, das mit dem Konsul stimmt nicht, für die Kuratorin machte es sich besser. Bleibst du bei mir während der Führung?«

Das Museum beherbergt mehrere Ausstellungen, das Gedränge ist groß. Besucher warten vor der überfüllten Cafeteria auf dem Gang. Auf Wunsch Karins entließ die Kuratorin sie durch einen nicht für Besucher bestimmten Ausgang in einen langgestreckten Innenhof, der Bediensteten und Zulieferern zugänglich ist. Die schmale Allee mit den alten Kastanienbäumen lässt an Kutschen und Pferdegetrappel denken.

Karin durchfurchte mit harter Hand ihren dicken, grauen, mützenartigen Haarschopf, hielt sich die Stirn: »Am liebsten hätte ich wieder braune Locken, könnte sie schütteln und wäre mindestens zehn Jahre jünger!«

»Was dann?«

»Ich wäre weniger ängstlich, Fehlinvestitionen zu machen, wir müssen neue Lehrer einstellen, die Räumlichkeiten erweitern, mein ganzes Kapital ist dort und sollte sich langfristig auszahlen.«

Dirk wartete höflich: »Ich will nicht zurück zum Studium oder Abitur. Ich will auch nicht in die Zukunft. Ich will hier sein, in der Gegenwart, abwarten.«

Karin ließ ihm keinen zeitlichen Spielraum: »Abwarten worauf?«

»Ich habe das Gefühl, ich bin nicht so weit. Du hast mich angetrieben und Astrid auch. Als ich den Gips hatte, sagtest du: ›Du hinkst hinterher.‹ Das hat mich geärgert. Jetzt sage ich, gut, so siehst du es, ich sehe es anders. Ich gewinne nichts und verliere nichts und bin ein Gerichtsreferendar mit Prädikat und werde Gerichtsassessor mit Prädikat und Doktor mit summa cum laude, reicht das?«

Karin: »Gut gesprochen, Didi! Doch vor der Prüfung ist nicht nach der Prüfung!«

Dirk bot ihr sein schmales, leicht schiefes Lächeln, nur wie ein flüchtiger Muskelkrampf sichtbar.

Beide haben einen schnellen Schritt. Sie kehren am Außentor um und schreiten die Allee zurück. An der Seite entdeckte Karin zwei Bänke um einen Grillplatz. Beide sind erhitzt genug, sodass die mittägliche Wärme für eine kurze Zeit ausreicht, sich wohlzufühlen.

»Vor Werner, du erinnerst dich, wollte ich nicht von Rüdiger sprechen. Da fing auch mein Weinen an. Du wolltest vor Wochen mit dem Gehgips in meinem Auto mehr über seinen Tod erfahren. Also: Ich hatte Eltern, Carl und Clara, Abitur und war zwanzig. Mein Vater plante damals tatsächlich, als deutscher Honorarkonsul nach Kamerun zu kommen. Ich mit der Idee, Afrikanistik zu studieren, du weißt. Rüdiger lernte ich auf einem Empfang der ICR, einer Nord-Süd-Großhandelskette kennen, Carl war Ehrenmitglied oder so, wir saßen an einem Tisch. Es gab sofort lebhafte Reden, der Sohn Rüdiger mit den Eltern, sie hatten ein weitverzweigtes Speditionsgeschäft, Import-Export. Rüdiger war groß und hart und klar. Er lud mich zum Tennisspielen ein. Ich sah ihm nicht an, dass er fast fünfzehn Jahre älter war als ich. Er sagte, dass ich ihm gefiele, ich zögerte und – Dirk – wusste damals nicht und weiß es heute nicht, warum ich einfach zu ihm überlief. Mein Vater hätte empört sein können: ›Noch bist du meine Tochter, du verdirbst meine Pläne!‹ Hätte ich das gewünscht? Im Augenblick war nichts geschehen, Rüdiger fuhr mich einige Male zu Vorlesungen nach Hannover, ich mochte ihn, war nicht verliebt, sah mich neben meinem Vater, mich neben Rüdiger und fühlte mich neben beiden allein. Ich würde Zeit brauchen, mich auf eigene Beine zu stellen, da war ich sicher. So ging es einige Zeit, mit 21 war ich schwanger. Sofort begannen beide Familien zu palavern, ich kriegte das mit, von Abtreibung war keine Rede, ich könnte auch weiter studieren.

Ich war dumm und hatte doch die Ahnung, so sehe ich es heute, von meinem Vater wegzuwollen, bei der ersten Gelegenheit, weil ich sonst ganz bei ihm bleiben müsste, wie es dann später doch kam, als er sehr alt war. Ich lief einfach hinüber zu dem Mann namens Rüdiger. Er war wie mein Vater, stolz und bestimmend, aber er war eine Generation jünger und an ihn konnte ich mich hängen. Manchmal war er grob, ich dachte, das gehöre sich für einen Mann. Wir hatten eine alte Villa, schick gemacht, in Düsternbrook. Rüdiger hatte es eilig, ähnlich wie mein Vater, aber lassen wir das jetzt, ich mache einen Sprung.

Ich war dreimal schwanger und hatte drei Geburten. Ralf wurde neun Jahre alt, sollte aufs Gymnasium, ihr beiden Kleinen wart nun sauber, Liv aus Dänemark war eine treue Kinderfrau, üppig wie aus dem Bilderbuch. Ich wurde 32 Jahre alt, Gattin, ohne Beruf. Ich wollte längst richtig studieren, Sprachen, Geschichte, verschob es ein um's andere Jahr. Rüdiger war dagegen, eigentlich nicht inhaltlich dagegen, es sei nur überflüssig als Studium, ›die Bildung entsteht aus dem Leben‹. Er halte mich von nichts ab. In den Sommerferien, an der Ostsee, wie immer, gingen wir früh schwimmen, ihr Kinder und Liv.

Es war ein heißer Tag und wir lagen in den Strandkörben. Wir hatten uns gestritten, ich war unnachgiebig, bis Rüdiger aufsprang, etwas unsicher auf seinem schwer gewordenen Körper stand, zu dem Bootsanleger rannte, wo es tief genug war, um zu springen. Ich blieb liegen.

Aufgeschreckt wurde ich durch den Lärm. Im brusthohen Wasser lieferten sich Jugendliche ein Fest aus Planschen, Spritzen, Untertauchen, warum aber schrien sie? Sie zogen Rüdiger an Land, beleibt wie er war, schien er zu stolpern, fiel hin, rollte zurück, schließlich lag er an den Strand gezogen auf dem Rücken und jemand beatmete ihn.

Es war der totale Schock. Es ging doch nur ums Studieren – nichts weiter, der Mann springt ins Wasser und ist tot.

Damals wusste ich nichts von der erblichen Stoffwechselstörung des Cholesterins, sonst hätte ich eine Obduktion veranlasst. Angeblich war es plötzliches Herzversagen.

Bei der Erbauseinandersetzung kamen üble Dinge heraus, Schulden, auch unehrenhafte Schulden, Betrügereien. Von seiner Schwester erfuhr ich von gefälschten Frachtbriefen und Assekuranzen. Was ging es mich an? Ich war Ehefrau, also Erbin. Vater ließ einen seiner Anwälte recherchieren und erklärte: ›Keine Prozesse!‹ Ich zögerte, ich hatte eigene Rechte. Carl zeigte sich entschieden und wiederholte: ›Keine Prozesse. Du bleibst bei uns. Die Kinder brauchen dich. Geld haben wir genug, du bekommst alles, was du brauchst.‹

›Und wenn ich studiere?‹

Da erhob er sich plötzlich am Abendbrottisch, wurde feierlich, redete laut: ›Ja! Du, meine Tochter, du, du wirst studieren!‹ So kam es, er zahlte Studium, Wohnung, laufende Kosten, Kinderbetreuung, alles! Als ich bald danach Werner kennenlernte, blieb er kritisch: ›Das brauchst du jetzt nicht.‹ Er sagte, ein Ausstatter von Großraumbüros sei ein Möbelverkäufer. Aber er mischte sich nicht ein, Clara kränkelte, er hatte seine Auswanderungspläne aufgegeben und er mochte euch drei Kinder, auf seine Art. Ich begann mit dem Studium, wurde jünger, Kommilitoninnen sagten, das mit den drei Kindern kann man nicht glauben, ich machte auch das große Latinum und dann den Aufbaustudiengang für den Sekundarbereich für Englisch und Deutsch, ihr wart in den Internaten und Werner und ich gewöhnten uns aneinander.«

Dirk: »Warst du über die Umstände von Rüdigers Tod erleichtert, als du nach – ich weiß nicht wie vielen Jahren – bei der

Untersuchung Ralfs auf Flugtauglichkeit von der genetischen Cholesterin-Überproduktion erfuhrst?«

»Kaum, das lag zu lange zurück. Sicher fiel mir vieles vom Herzen, als ich schwarz auf weiß wusste, Astrid und du, ihr seid genetisch gesund. Ich wollte auch kein späteres Drama für euch, da ihr Rüdiger nur als Kleinkind oder Baby kanntet. Mit Ralf hatte ich über Verschwiegenheit gesprochen, das war ihm recht. Außerdem misstraute er den medizinischen Werten.

Also, du siehst, ich bin 58 Jahre alt und wünsche mich zehn Jahre zurück, um das Neue in Ruhe angehen zu können. – Damit auch du es weißt, der Verdacht auf Brustkrebs ist ausgeräumt, nur Bindegewebe, das ergab die Probeentnahme.« Karin seufzte, dann lachte sie, bevor sie ihm mitteilte: »Einen Kampf haben wir, das heißt habe ich – und auch für dich – abgeblasen. Mit Grossmann & Meyer ist es nun zu Ende, das Kapital in die Schule investiert und unser großes Streitthema auch, kein Einstieg in die Kanzlei.«

»Einverstanden.«

In der Pause nach diesem wichtigen Geschäftsabschluss unter Lebenden, der schweigend begangen wurde, sprach Karin noch einmal über sich und ihren Vater: »Ich war abhängig von meinem Vater. Aber wie hätte ich das ohne ihn durchstehen sollen? Ich musste seine Vorstellungen auch als meine betrachten.«

Dirk: »In der Psychologie, hat mir Astrid einmal gesagt, gibt es dafür einen Begriff: Wer nicht aus einem eigenen Selbst handeln darf, ist ein gebundener Delegierter. Es mag wie Liebe und Eintracht aussehen, aber es ist die Macht des einen und die Abhängigkeit des anderen. Zusammen sind sie stark und erfolgreich. Nur die Kinder und Enkel spüren, sie waren nie gefragt.«

Karin wollte aufbrausen, sich ereifern, beherrschte sich, gab nach: »So? Astrid wird es wohl wissen.« Mit Dirk blieb sie in einem unverstandenen Einverständnis: »Nun gut, die Psychologie brauche ich nicht. Sicher, es gab nur ihn, aber er hat mir seine Kraft gegeben, ich spüre, ich besitze sie und kann gut mit ihr leben. Jetzt aber, Dirk, glaube ich, habe ich meinen Vater zurückgelassen, dort belassen im Museum. Andere kümmern sich um ihn.«

»Museum, Mausoleum«, sagte Dirk leise.

»Was meinst du?«

Dirk blieb ernst: »Mausoleum hört sich auch gut an, meine ich. Museum, eine ehrenwerte Grabstätte. Sein Name mit den richtigen und den falschen Titeln steht auf den Stiftungsurkunden und auf den hundert Flyern heute früh. Die Kuratorin wird …«

»Genug, Didi, du bringst mich zum Weinen. Du hast recht, so möge es sein. Für mich wird es richtig sein mit dem Abschied. Ralf ist jetzt aufgetaucht und du wirst seine Angelegenheiten für uns führen.«

Dirk bestätigte.

»So bleibst du Jurist – für mich wenigstens.« Karin blickte um sich: »Ich sehe hier niemanden mehr. Ich befürchte, wir sind eingeschlossen und kalt wird mir auch.«

Karin beklopfte ihre Knie, als ob sie sie damit erwärme, glitt mit den Händen hinab und schob ihre spitzen und hochhackigen Pumps fest über die Fußrücken: »Hast du das vorhin mitgekriegt?«

»Ja«, sagte Dirk, »es liegt an den Absätzen.«

Sie eilten zu dem vermuteten Ausgang am Ende der Allee, Dirks Schritt auf ihrer Höhe.

»Das stimmt wohl«, sagte Karin, »aber warum musste ich sie heute anziehen? Sonst stehen sie rum. Du kennst mich nur in Schnürschuhen oder Slippers.«

Dirk sah sie von der Seite an. War sie bereit, ihn zu hören? »Heute hast du die Stufe unterschätzt, wenn du hinauf aufs Podium willst, aber du fängst dich, du lachst, du siehst dich um, als habe jemand dich gestört. Du kannst es dir leisten.«

Karin nickte oder er glaubte, sie habe genickt: »Mit dem Hochhinauf haben wir es wohl beide zu tun. Nur spürst du es nicht.« Sie blieb stehen: »Dein Bein, das geht wieder wie es soll?«

»Ja. Nur wenn ich es rasch aufsetze, bremst es plötzlich, die Patella klebt, wie Weisbrodt sagt und das könne man lösen. Auch die beiden Stifte entfernen, die drin sind, man tastet sie durch die Haut. Ich will nicht. Es sieht auch kaum jemand, nur ich.«

»Hast du das mit der Kniescheibe jetzt gespürt?«

»Ja.«

Karin hat ihren Schritt gezügelt: »Könntest du wieder fallen?«

Dirk lachte.

Karin wartete seine Antwort nicht ab und sagte rasch: »Du hast ein neues Mandat übernommen, Streitsachen in puncto Ralf, gib acht!«

Die Befürchtung, im Innenhof, in der Kastanienallee, eingeschlossen zu sein, erwies sich als unbegründet.

Vor der mündlichen Prüfung

Dirk besuchte Henry in den ehemaligen Geschäftsräumen dessen Vaters und blieb ungläubig vor Tür und Namensschild stehen: ein zweistöckiges Haus mitten im Bankenviertel, kleine achtgeteilte Fenster, ein schmaler Zugang von der Straße, weiß getüncht, von Efeu überzogen. Ein Zwergenhaus wie die winzige St. Patrick's Cathedral, eingekeilt zwischen Wolkenkratzern und dem Rockefeller Center in New York. Neben der hölzernen Tür des Eingangs ein altgedientes emailliertes weißes Blechschild: Anwaltskanzlei und Notariat.

Henry, offensichtlich nicht im Dienst und im ultraleichten Anzug und weißem Hemd: »Du staunst? Warum die Hütte nicht abgerissen ist? Du siehst sofort, warum. Dieser Häuserblock hinter dir, 1948 beim ersten Wiederaufbau hochgezogen, ist ziemlich verrottet, gehört einer Finanzgruppe und die wartet auf einen Investor, um abzureißen. Dann verkaufen wir auch und zu einem Preis, den kann sich nur ein Banker wünschen. Ende der Romantik.«

Dirk brachte die ausgeliehenen Repetitorien zurück, dünne gedruckte Hefte, Fälle mit Lösungen, Modellklausuren. Obenauf *Der Kurzvortrag in der Assessorprüfung: Sachbericht, Sachverhalt, Rechtsansichten, Wiedergabe der Anträge, Beweisaufnahme, Entscheidungsvorschlag, Gutachten, Tenor.* Henry warf einen Blick darauf: »Meine Stärke, das konnte ich mit 16, da machte ich hier bei meinem Vater das erste Praktikum. Akten ordnen, nur nach Datum, aber ich habe hineingeschnüffelt, gelesen. Wenn nicht die Allergie dazwischengekommen wäre. Fürchterlich, Hausstaub, Papierstaub, Druckpartikel. ›Er wird nie im Büro arbeiten können‹, hieß es. Noch vor dem Abitur Desensibilisierung. Wiederholt, hat geklappt. Ich rieche Staub, aber niese nicht. Bald gibt es ohnehin Büros ohne einen Fetzen Papier.«

Dirk übergab das dünne Bündel. Er weiß seit Monaten vom Ausgang der Prüfung seiner ursprünglichen Gruppe. Sie waren vier, Stefan, Henry, eine Referendarin war ausgefallen wegen Schwangerschaft oder Krankheit wie er, ein Fremder war dazugekommen, Frank Keil, also waren sie drei und der Neue war durchgefallen.

Henry hatte Dirk von oben beobachtet, wie er die gerade, steile Treppe hinauf in den ersten Stock gestiegen war. »Dein Bein ist wieder, wie man sieht, okay. Also gut. Etwas langsamer aber bist du doch.« Dirk hörte gut, antwortete nicht, weil er auf die Stufen achtete. »Man sagt, dir sei es ordentlich an die Knochen gegangen, beinahe Rollstuhl.« Dirk erreichte die letzte Strecke, gebeugt. Henry, sehr groß über ihm: »Mit Springen ist wohl nichts mehr.« Als Dirk den Kopf hob, rief ihm Henry aufmunternd zu: »Das lässt sich wieder aufbauen, Training.«

Dirk war etwas außer Atem gekommen, weil er auf Henrys Sätze hätte antworten wollen und die innere Vorbereitung darauf hatte ihn aus seinem Atemrhythmus gebracht. Oben empfing Dirk eine Schulterumarmung.

»Sonst ganz der Alte?«, fragte Henry.

»Nicht ganz der Alte«, antwortete Dirk, was Henry vermutlich überhörte.

»Warum gibst du die Übungshefte zwei Wochen vor der Prüfung ab, als ob nichts mehr drin steht? Alles genügend hochgefahren, nicht zu sehr relaxed, nicht ein bisschen Angst?«

Dirk antwortete nicht, spürte so etwas wie Henrys Absicht, ihn zu verunsichern, blies sich dagegen auf: »Du hast damals gesagt, es sei wie in der Referendariatsprüfung, nur die Aktenvorträge und die Umsetzung bei den Beschlüssen, die Urteile und so weiter seien neu. In ZPO bin ich wirklich schwach, da ist zu wenig materielles Recht drin. Aber sonst, Klausuren sind für mich Sparringpartner, Kreuzworträtsel, Logik bleibt Logik. Du kennst mich so!«

»Du musst auch mit den Prüfern zurechtkommen. Weißt du, warum der Keil durchgefallen ist?«

»Nein.«

»Er hat sich mit OLG-Rat Sauer angelegt. Der hatte eine verzwickte Strafrechtssache vorgelegt, Abgrenzung 249/255 StGB, Raub gegenüber Räuberische Erpressung, in der Rechtsprechung eindeutig, wenig Text in den Kommentaren zum Studieren – da hat er sich hineingetüftelt, als ob es eine Gesetzeslücke gäbe und er allein den Trick kannte, wie es rechtens sei. So ein fürchterlich unrealer Sachverhalt, Frank hat gut mitgehalten, aber dann widersprochen und der Sauer hat ihn reingelegt. Die anderen Prüfer wurden unruhig, es ging ihnen auch auf den Keks und anschließend war er bei ihnen richtig schlecht und sie haben ihn hängen lassen. Du wirkst heute keck, Dirk, pass auf, dass du dich nicht opferst wie der Frank. Zu uns beiden waren sie dann total tolerant und sogar großzügig. Bei mir hat es ein Befriedigend gegeben.«

Dirk erinnerte sich an seine Referendarprüfung, einen Prof. im Schuldrecht, der etwas ausheckte, was keiner lösen konnte. »Die Sache mit der scheintoten Schildkröte, die hat der Typ so oft geprüft, bis alle Repetitoren sie kannten und sie zurückgezogen wurde.«

Henry schien nicht interessiert zu sein, doch fragte höflich: »Kenne ich nicht, wie geht die?«

»Ungefähr so: Große Landschildkröte stirbt bei Liebhaber von Schildkröten. Verkauft sie billig an einen Taxidermisten zum Ausstopfen. Dort erwacht sie, wird verschenkt an einen Freund. Sohn vom Freund, sechzehnjährig, verkauft sie an neuen Fan für Kröten, dem wird sie gestohlen. Eifriger Zooangestellter erkennt sie als wertvolle Spezies und lässt sie erwerben. Im Zoo erkennt früherer Eigentümer sein Tier, beweist es durch die eingravierte Initiale auf dem Panzer. Wie ist die Rechtslage, wer gibt wem welches Geld zurück?« Dirk hatte immer mehr Spaß am Erzählen bekommen, den Sachverhalt übertrieben, fand die Sache, ironisch, als »echtes Alltagsproblem«.

Henry, die joviale Figur, wirkte steif und verärgert: »Was hast du, so lernt man die Dogmatik im Schuldrecht, alles hat seine juristische Lösung. Pass' auf, Dirk, du kennst keinen von den Mitkandidaten, lass' dich nicht reinlegen.« Henry hielt inne, eine Erinnerung streifte ihn und er sagte bedächtig: »Später ist es doch auch ein Reinlegen aller anderen!«

Sie lachten laut.

Unten im alten Büro gab es einen Kühlschrank. »Nimmst du auch einen Drink?« Dort hechelten Dirk und Henry die möglichen Prüfer durch, da sie an demselben OLG arbeiteten: »Franzius spielt sich auf, der hat es mit den Widersprüchen im Zivilprozess. Er allein kennt sie, wie immer. So wie der Sauer bei Frank. Manchmal soll er väterlich sein, guter alter Oberregierungsrat. Wenn man ihm querkommt, wird er bösartig. Er könnte dir das Prädikat versauen… Schleierbaum ist brutal und gerecht, Hassmann harmlos.« Henrys klarer blauer Blick fixierte seinen noch minderrangigen Kollegen: »Das scheint dich kaum zu berühren, pass auf, du weißt, kein Widerwort!«

Dirk lachte wieder, ihm fiel aus der ersten Strafrechtsübung beim ersten Repetitor ein: »Wann kann das Widerwort gegenüber Amtspersonen eine Beleidigung im Sinne des Paragrafen 185 StGB sein? Übrigens, Henry, unser Wettbewerbsprof. will im Oktober das Doktorandenseminar einbestellen. Bist du dabei?«

»Nein«, sagte Henry, »überhaupt nicht. Das tue ich mir nicht mehr an. Das mit dem EuGH und seiner ›gemeinschaftsorientierten‹ Rechtsprechung bringt mich nicht weiter, brauche ich nicht.«

Dirk wunderte sich, das Henry keine Rückfrage stellte, wie er es mit der Diss. halte.

Henry: »Ich werde auch nicht Notar und nicht tausend Kilo solcher verschnürter Akten, die, wie du hier siehst, an den Rändern auseinanderfallen, um mich haben. Ich erfinde mein Klassebüro ohne Papier. Alles elektronisch, man wird die Unterschriften fälschungssicher speichern, so ein zentrales Cockpit, wie ich es bei meinem Neurologen gesehen habe, wie in einer Boeing, alle Werte bei ihm aus den verschiedensten Untersuchungen in je einem Computer und keine Absturzgefahr.

Ich lasse mir Zeit und werde erst einmal heiraten. Das gibt dann Ehe. Was mit dem Sex wird, wird man sehen. Wir fangen im November mit dem Feiern an. Großer Bahnhof, natürlich bist du dabei.«

Dirk bedankte sich.

»Das wäre auch etwas für dich. Mit deinem Viertelpenthaus kommst du dann nicht mehr aus, such' dir bald eine größere Immobilie. Und, frage ich dich, neue Freundin angekommen, Pflegekraft aus Thailand oder so? Aber schau nicht so mies, Dirk, ich weiß, du nimmst das ernst. Deine Dagmar von damals ist auch wieder aufgetaucht. Noch blasser, schöner, wenn man darauf steht. Ziemlich stumm, sie hat keine Leute um sich. Sie hat sich für den nächsten Prüfungstermin angemeldet.«

Deine Dagmar, hatte das Henry bereits vor einem Jahr so gesagt?

»Was ist? Immer noch verliebt? Besser du lässt das sein.«

Dirk würde rot werden, wenn seine Arterienkonstitution das verlangte, er wird eher blass. Bilder mit Dagmars Präsenz fließen in sein Bewusstsein, die endlose Autofahrt, Cinque Terre, die Dachterrasse, der Schneeball.

»Nein«, sagte er.

Henry: »Vielleicht erinnerst du dich an unsere allererste Gruppe, da war auch Stefan dabei und sagte, sie redet nicht, und wenn man neben ihr sitzt, fühlt man, einer ist hier zu viel, man wird kalt und will weg.«

Dirk erinnerte das nicht, hörte nicht hin.

Es war eng in der alten Kanzlei. Zum Ausgang hin streifte Dirk die hölzerne Außenwand der Treppe. Henry sah sich um und blickte hinauf: »Schade, dass wir hier unten sind. Würdest du noch einmal springen, mir zuliebe?«

Dirk zögerte und sagte entschieden: »Das meinst du wohl nicht im Ernst. Noch einmal breche ich mir meine Patella nicht.«

»Patella – was brichst du nicht?«

»Meine Kniescheibe ist mir inzwischen sehr wichtig. Bei dem Thema bin ich ein halber Mediziner geworden – und nicht mehr ganz der Alte.«

Tapas-Bar

Früher Abend am Freitag. Dirks Wunsch, bedient zu werden. Zum *Olympos*, dem Griechen gehen, ausführlich speisen mit Lammhaxe und Auberginen, Salaten, Ouzo und Wein? Zu viele Leute dort. Die Pizzeria? Der Chinese? Oder an die Ecke, in die Tapas-Bar? Astrid hatte sie gemocht, die mit rot-karierten Kissen gepolsterte Sitzbank auf ganzer Länge gegenüber der Theke. Die Tapas waren gut, nur konnte man, eng nebeneinander, nicht zum anderen sprechen. Allein bin ich ohnehin. Drinnen die Höhle, schwarz voll Menschen. Er dachte umzukehren, seine Bewegung hinauf aber war schon in Gang. Oben der Lärm, die Sitzbank belegt, an der Theke Gedränge, als klebte hinter jedem der drehbaren Hocker der hintere Gast am Rücken des Vordermanns. Ein Paar rutschte von den Sitzen, wendete sich nach links, sodass rechts eine Lücke entstand, in die der hinter ihm Wartende einrückte und ihm den zweiten Platz mit freundlicher Geste anbot. Dirk dankte, so waren sie einander bekannt und der Smalltalk lag auf den Zungen.

Es wurde ein räumlich und zeitlich gedrängter Imbiss, der hastige Griff nach dem Bier, das zu spät kam. Obwohl der Mann neben ihm ein Jackett trug, schien er seine Habe in den Hosentaschen zu tragen, in denen er, der Enge halber um Unauffälligkeit bemüht, erfolglos kramte, dann wühlte und mit einem weißen Taschentuch und Bargeld in Scheinen und Münzen auch eine sehr schmale Brieftasche zum Vorschein kam, die er sofort zurückschob. Er bat um Entschuldigung. Eine Karte war auf Dirks linkes Knie gefallen, die bedruckte Seite nach oben. Während der Eigentümer nach ihr griff, hatte Dirk sie schneller überblickt, als er sich dafür hätte schämen können. Name,

Anschrift und darüber in imponierenden Lettern: Grossmann & Meyer.

»Oh«, sagte Dirk.

»Ja«, sagte der Besitzer und sah seine Karte an, als ob etwas Neues darauf zu lesen stünde.

Dirk bat um Nachsicht für sein offenkundiges Interesse: »… in diese Kanzlei wollte ich mich einmal bewerben.« Er hatte auch den Namen gelesen, Dipl. rer. oec. Theo Springer.

Dieser Herr lachte und sah Dirk aus dem nahen Abstand ihrer Hocker dicht ins Gesicht: »Das habe ich hinter mir, bald zehn Jahre dort, das war das Abenteuer fürs Leben, aber jetzt, Frau und Kinder, mich zieht's aufs Land, ich kann nicht ewig durch die Welt springen. Sie verstehen?«

Dirk hatte im Lärm kein Wort verstanden, vielleicht »Abenteuer« oder »Leben«. Sie zahlten vorn an der Kasse. »Passen Sie auf«, sagte Herr Springer, »diese Stufen sind tückisch.«

Dirk erinnerte sich an die durch farbiges Glas erzeugte Beleuchtung der kleinen Eingangstreppe. Jetzt, beim Abstieg ließ der trübe Schein die Stufen verschwimmen. »In Treppen kenne ich mich aus«, sagte Dirk.

»Haben Sie noch Zeit und wir nehmen einen Espresso zusammen? Samstagabends servieren sie in der Lounge des *Majestic*. Auch einen guten Brandy.« Es klang nach einer Einladung.

Dirk bejahte.

Die Sache mit dem Namen ließ Dirk nicht los, Springer. Er ist älter als ich, drahtig, unruhig, eher Sportler als Anwalt, aber nicht um Wörter verlegen: »Was ich Ihnen nur sagen wollte, G & M ist eine Weltkanzlei. Wer da drin ist, holt sich alles, was er fachlich braucht und ist überall dabei. Sind Sie Anwalt?«

»Nein«, sagte Dirk, »aber gegen Ende nächster Woche wahrscheinlich Assessor.«

»Also mündliche Prüfung anberaumt, also Klausuren bestanden? Gute Noten, ich glaube heutzutage sagt man Punkte, sind wichtig…«

Dirk bot sein zweifelndes, leicht unglückliches, lang gezogenes schwaches Lächeln, presste die Lippen aufeinander und äußerte sich: »Meine Mutter hat, solange ich mich erinnern kann, Kapital für mich aufbewahrt, von ihrem Vater geerbt, und beide kannten sehr gut den alten Grossmann und ich sollte unbedingt dort eintreten. Das ginge nur mit Kapital, sagte sie. Jetzt bin ich froh, sie hat es in ein privates Gymnasium gesteckt, Erweiterung, Altgriechisch ab Tertia.«

»So«, sagte Herr Springer, »das klingt überraschend. Aber heutzutage können Sie ohne Kapital einsteigen. Gesucht ist, wer qualifiziert ist und sich bewegen kann, juristisch, ökonomisch, auch politisch. Wie die Schiffe im Wasser.« Springer geriet in Fahrt. Sie nahmen einen weiteren Brandy. »Und was haben Sie dem Leben zu bieten?«, fragte sein Gegenüber.

Dirk drückte sich tiefer in seinen rundrückigen Sessel, der ihm das Gleichgewicht erschwerte, und richtete sich wieder auf. Er fühlte sich examiniert: »Mit dem Assessor bin ich Volljurist und meine Promotion ist im Internationalen Privatrecht, Schwerpunkt Wettbewerb.«

»Na, also, da sind Sie der Richtige!«

Dirk nickte eindringlich, kein Lächeln. Verlegen fragte er zurück: »Sind Sie auch promoviert?«

»Nein«, sagte Herr Springer, »das hält nur auf! Kann man da nicht gebrauchen. Ich bin nur ein Dipl. rer. oec., aber wenn ich Ihnen imponieren soll, Member of Advisory Boards, Project Manager, bin auch in einer Intelligence Group.« Er zögerte einen Moment, dann sprach er weiter: »Der Espresso mit Brandy treibt mich zum Reden und jetzt erzähle ich Ihnen, warum ich nicht mehr bei G & M bin. Vorhin war nichts zu verstehen. Bei G & M bin ich groß geworden, habe die Welt gesehen. Sie fangen an und ich höre auf – aber nicht mit dem Leben. Ich werde 45, Geld ist da und eine Frau, zwei Kinder, ein kleiner Pferdestall und das soll noch größer werden. Nichts sehr Originelles, Auf-das-Land-Ziehen, auch nicht für die Ewigkeit. Aber die Zeit einmal langsamer und genauer ansehen, in ihr stecken unendlich viele Moleküle, die ich mir unter die Lupe lege, eine andere Dividende, verstehen Sie?«

Dirk hatte bereits in Springers Rede hineingeredet und wiederholte jetzt laut: »Ich bin mir nicht sicher, ob ich zu G & M gehe.«

»Das entscheiden Sie, aber ich wünsche Ihnen meine fünfzehn Jahre in dieser Superkanzlei. Allein die Abteilung für Schifffahrtsrecht treibt einen über die Meere. Sicher, man kann in Schiffe auch vom Büro aus investieren, sie reparieren lassen, verschrotten, ich aber musste dabei sein und Sie sind auch einer, der dabei sein muss. Werden Sie nicht Richter, alles aus zweiter Hand, er handelt nicht, hat es nur mit dem Urteil über andere.«

Herr Springer schwieg, schien beeindruckt von dem, was er sagte. Er beugte sich vor: »Sie sehen blass aus, junger Mann, das wird sich ändern. Sie werden es erfahren: In den ersten Jahren ist das Continental-Hopping faszinierend. Im Jet sein, gekühlt und allein, im Hinterkopf die Bilder von Kalkutta, Shanghai, Tokio, eines ins andere verflochten, die Hochhäuser grüßen und unten gab es Menschen, Tausende auf jedem Spaziergang, einmal unter ihnen sein, bei allen sein, inmitten der Welt. Ich gratuliere Ihnen!«

Dirk hatte in dem Rundsessel eine seitliche Position gefunden, in der der Rücken anlehnte und er dennoch aufrecht saß, ein wenig weltmännisches Flair schien in ihn eingezogen zu sein und er blickte seinem Gegenüber ins Auge: »Sind Sie ein Headhunter, Herr Springer?«

»Bin ich? Wäre ich? In dieser Woche habe ich meine Verträge mit G & M gelöst und heute Abend treffe ich Sie, der vielleicht morgen anfängt, sich dort einzuschreiben. Nein, ich habe keine Optionen dort, nur meine Modellsammlung Schiffe können Sie sehen. Ich habe sie G & M vermacht, gehen Sie in die Ludwigstraße 94, neunter Stock, man wird Sie hereinlassen. Haben Sie einmal mit Schiffsmodellen gespielt?«

»Nein«, sagte Dirk, und er erinnerte sich an das Ungeheuer auf dem Schrank, das U-Boot. »Mein Großvater hatte damit zu tun, untertauchen, auftauchen, Torpedos feuern.«

»Er, ein Kriegsmann also. Sie sind ein Friedensmann.«

Zu dieser Stunde am Samstagabend blieb die Lounge des *Majestic* belebt, junge Kellner sorgten auf leise klirrenden Rollwagen in einem Rundlauf für die stetige Zufuhr frischer Getränke. In italienisch-nordamerikanischem Stil griffen sie nach leeren oder auch bodenbedeckten Gläsern, hoben sie und bedrängten den Gast, dass er mit einem fast unsichtbaren Kopfnicken – oder war es das Kopfnicken des Kellners, das sich übertragen hatte? – zustimmt oder nur durch grobe Gesten abwehren kann. Herr Springer nahm öfter sein Handy aus dem Jackett, tippte und wischte erscheinende Anzeigen, hielt inne.

»Haben Sie einen Termin, jetzt noch?«, fragte Dirk.

»Nein, nein«, sagte Herr Springer, der im Gegensatz zu Dirk sein Glas durch Handauflegen vor dem Kellnergriff geschützt hatte, »ich warte auf meine Frau in der Maschine aus Toronto, sie haben Verspätung und ich warte auf das Zeichen ›gelandet‹ – und dann nehme ich das Taxi. Vertreiben wir uns ein wenig die Zeit, wenn Sie wollen.«

Dirk spürte, wie der Mann ihm gegenüber ermüdete, die Spannung in den schmalen kantigen Wangenpartien nachließ, während er selbst vom Alkohol angestachelt, sich jetzt wirklich als der Jüngere vorkam, bereit für ein kleines sprachliches Kriegsspiel. Ohne es beabsichtigt zu haben, lachte er laut auf und trieb Herrn Springer aus seiner schläfrigen Ruhe.

»Sie lachen, warum?«

Dirk bat um Entschuldigung. »Ich glaube, der Brandy treibt mich um. Ich sah Sie an und dachte, jetzt sind Sie kein Springer mehr, nur dem Namen nach.«

»Spielen Sie Schach?«

»Selten«, sagte Dirk. »Im Internat gab es ein Schachzimmer, ich ging gern hin, aber redete in die Spiele der anderen hinein, machte Unsinn.«

»Ich bin kein Schachspieler«, sagte der Herr und richtete sich auf. »Wenn man schon diesen Namen hat – ewig für Smalltalk geeignet! Sie haben Recht, mit dem Springen ist es vorbei.«

»… oder auch nicht. Sie joggen, haben Sie vorhin gesagt, also sind Sie ein Läufer, Sie treiben Dressur, lassen auf dem Land die geliebten Pferdchen springen. Eine Dame haben Sie aus Toronto und ein König sind Sie auch.«

»Gut, nur sagen Sie nicht Bauer zu mir, obwohl mir das auf dem Land gar nicht schlecht stünde, sondern lieber Turm. Mit dem Springen aber ging es mir gut.«

»Also«, sagte Dirk, »trinken wir einen Schluck«, und griff weit ausholend nach seinem Glas, trank, brachte es dann auf geradem Wege in die Nähe seines Untersatzes, um sich jedoch mit einer kleinen Bewegung zu korrigieren, bis er es punktgenau absetzen konnte.

Herr Springer hatte genau beobachtet: »Gute Sprünge, und wie heißen Sie?«

»Haubach, wenig draus zu machen.«

Springer überlegte: »Ja, wenig zu machen, über den Bach kommt man mit einem Hüpfer. Also springen Sie nie?«

Dirk besann sich: »Nein, ich betreibe keinen Pferdesport.«

»Keine Leichtathletik, Weitsprung oder Hochsprung?«

»Nein«, sagte Dirk, »nur gelegentlich Tennis, wenn es mit meinem Bein wieder geht.« Ein kalter Schrecken durchlief ihn: Wenn es mit dem Bein wieder geht. Dirk klopfte wie ein Kind, das etwas Verbotenes nicht aussprechen will, mit der offenen Hand auf den Mund, dachte an das Wort, vermied es: Wenn ich springe, bin ich matt, und später undeutlich, doch hörbar, »da habe ich so meine Erfahrung.«

Spät zurück, blinkte sein Anrufbeantworter, auf dem Display die Nummer von Astrid. Noch zurückrufen? Sie hatten über Ralf lange telefoniert und jetzt will er mit Astrid über den Museumsbesuch mit Karin sprechen, zu spät heute.

Am Morgen. Astrid: »Ich bin neugierig, wie es gelaufen ist. Viel Großkonsul, will sagen Honorarkonsul und die angeblichen Sprüche des Ewondo-Chiefs: ›Ohne die Weißen sterben wir‹?«

»Du wunderst dich, nein. Sie hat Abschied genommen, die Tochter und Stifterin. Es ist auch, als ob Ralf wieder da ist, in einer anderen Präsenz, und sie ist viel angenehmer geworden. Aber, diese neue Karin, eines mag dich interessieren: Sie ist beinahe gestürzt.«

»Wie?« Astrid hält den Atem an.

»Sie ist nicht auf das Podium gefallen, sie hat sich vorgebeugt, den Fuß nachgehoben und den Rücken steif gemacht – und stand oben. Sicher haben es alle gesehen und die Kuratorin war aufgesprungen. Später lief Karin wieder ihren schnellen Schritt.«

Astrid: »Also nicht richtig umgeknickt. Umgeknickt wäre besser gewesen.«

»Wieso?«

»Dann verstünde sie mehr von dir.«

Dirk zögerte. »Ich jedenfalls habe es nachher angesprochen, ›die Absätze seien zu hoch‹, und da hat sie gemeint, ›nicht nur‹, es habe auch damit zu tun, ›ich will zu hoch hinauf und zu rasch‹, und anschließend hat sie nach meinem Knie gefragt.«

»Wirklich?«

»Ja. Natürlich lässt sich mein Knie nicht mit ihrem Fuß vergleichen.«

Astrid lachte: »So nicht, aber wenn sie am Abend einen geschwollenen Fuß gehabt hätte, dann hätte sie länger an dich gedacht. Ihr beide…«

Dirk widersprach: »Es war nicht vorbei. Sie blieb bei mir und wir sind im gleichen Schritt weitergegangen. Es waren nur wir beide, kein Vater mehr und keine Stifterin.«

»Das klingt gut«, sagte Astrid. »Die Untersuchung über Ralfs Absturz scheint etwas in ihr zu klären, obwohl kaum etwas Konkretes folgen wird. Ralf war vor dir da, jetzt bist du da.« Ihre Stimme hob sich, wurde heller und frei: »Jetzt hat sie einen Mitstreiter in der Familie, dich als Sekretär, und pass' nur auf, dass ihr nicht allzu enge Freunde werdet!

Für das Examen bekommst du von deiner großen Schwester noch einen Spruch, in dem mein Lehrmeister Sigmund Freud einen Dichter zitierte: ›Was man nicht erfliegen kann, muss man erhinken.‹ Den schicke ich als Mail, zum Kopieren und Mitnehmen gedacht.«